FONTES DE NOTÍCIAS

AÇÕES E ESTRATÉGIAS DAS FONTES NO JORNALISMO

Dados Internacionais de Catalogação na Publicação (CIP)
(Câmara Brasileira do Livro, SP, Brasil)

Schmitz, Aldo
    Fontes de notícias : ações e estratégias das fontes no
jornalismo / Aldo Schmitz.- Florianópolis : Combook, 2011.

    Bibliografia
    ISBN 978-65-992682-4-3

    1. Ética jornalística 2. Fontes no jornalismo 3. Imprensa
4. Informação 5. Jornalismo 6. Notícias jornalísticas I. Título

11-06680   CDD-079

Índice para catálogo sistemático:

1. Fontes de notícias : Ações e estratégias : Jornalismo e informação   079
2. Fontes jornalísticas : Ações e estratégias : Jornalismo e informação   079

EDITORA DA COMUNICAÇÃO
Rua Luiz Elias Daux, 1140 – Ingleses—88058-512 Florianópolis, SC
(48) 99164-2497 – combook.com.br

Sumário

Introdução

O tratamento das fontes está no coração da atividade jornalística.
Daniel Cornu

As fontes deixaram de apenas contribuir na apuração da notícia. Passaram também a produzir e oferecer conteúdos genuinamente jornalísticos, levando a mídia a divulgar os seus fatos e eventos, mantendo os seus interesses.

Este livro discute esse fenômeno e demonstra as ações estratégicas das fontes para ocupar deliberadamente o seu espaço social, com o propósito de manter uma imagem positiva e reputação ilibada perante os seus públicos e a sociedade.

Por isso, acredita-se que esta obra seja relevante à academia e ao mercado. Pois, os cursos de jornalismo se ressentem de abordagens sobre as fontes, embora elas estejam na essência do trabalho jornalístico.

Igualmente, o livro oferece subsídios ao mercado, alertando os jornalistas sobre a complexidade das relações de forças, interferências, ações e interesses das fontes, que delas devem exigir transparência, em benefício do público.

Também quer revitalizar essa relação, indicando às fontes, como andar no campo minado do jornalismo, percebendo a dinâmica desse relacionamento, para agir de forma ética e em pé de igualdade.

Na estrutura do livro, inicialmente, verifica-se como o jornalismo trata as fontes, a partir dos processos do agendamento, produção e seleção de notícias, bem como da noticiabilidade, objetividade e conhecimento do jornalismo.

Aborda os principais estudos sobre as relações entre as fontes e jornalistas, realizados por pesquisados renomados dos Estados Unidos, Canadá, Inglaterra, Alemanha, França, Espanha, Portugal e Brasil.

Ainda apresenta uma taxonomia inédita das fontes, que classifica os tipos por categoria, grupos, ação, crédito e qualificação. A intenção é contribuir para uma iniciação à teoria das fontes.

Sustenta que, com a profissionalização da comunicação a serviço das fontes, o jornalismo deslocou-se das redações para as organizações não midiáticas, onde o jornalista assume um novo papel, o de articulador das informações, em vez de mediador.

Trata ainda das peculiaridades da assessoria de imprensa e das fontes empresariais, oficiais, institucionais, especializadas e populares.

Apresenta as questões éticas e deontológicas, em que os protagonistas são colocados frente a frente para apurar as responsabilidades, os conflitos, direitos, equívocos e, inclusive, o que beira à promiscuidade.

Quando se tenta compreender as ações e as estratégias das fontes jornalísticas é crucial avaliar os recursos que utilizam e os resultados que obtêm. Por isso, essas abordagens são fundamentadas por uma pesquisa de campo realizada com 440 entrevistados, sendo 71 fontes de notícias, 92 jornalistas e 277 assessores de imprensa.

O livro também é resultado da experiência de 30 anos do autor, como repórter, assessor de imprensa e na capacitação das fontes, além da pesquisa no mestrado em Jornalismo na UFSC.

No livro, entende-se "estratégia" como a forma ou arte de aplicar recursos e dirigir coisas complexas para alcançar certos objetivos. Disso, encontram-se centenas de definições, desde a sua etimologia, do grego, *stratego*: a arte do general.

Mas prefere-se o conceito de "estratégia sistêmica", relacionada às condições sociais e culturais de organizações, grupos ou pessoas, em busca de resultados positivos conforme a sua missão, visão, valores, mercado, objetivos e metas.

Igualmente, ao longo do livro são utilizadas algumas palavras, a partir de certos conceitos. Usa-se os vocábulos "mídia" e "veículo", indistintamente, no sentido de meio de comunicação comercial. "Jornal" refere-se à mídia impressa e periódica.

Emprega-se o termo "imprensa", primordialmente, para jornais, revistas e congêneres, mas também como mídia em geral, notadamente referente às expressões consagradas, como "assessoria de imprensa", "liberdade de imprensa" etc.

"Redação", reporta-se ao lugar no qual trabalham os jornalistas na mídia e em agências de notícias. "Jornalista", concebe-se como o profissional que produz notícias na redação, mesmo que se reconheça, por definição, o profissional "que lida com notícias e divulgação de informações".

As fontes no jornalismo

Os canadenses Jean Charron e Jean Bonville (2004) ordenam o jornalismo em quatro gerações, historicamente adaptadas às circunstâncias sociais. A primeira, eles chamam de "jornalismo de transmissão", que aparece no século XVII e tinha a função de transmitir as informações das fontes diretamente ao seu público, sem alterar o conteúdo.

As outras três gerações: "jornalismo de opinião", surge no início do século XIX, a serviço das lutas políticas; "jornalismo de informação", emerge no fim do século XIX, com foco na atualidade; e "jornalismo de comunicação", aparece nas décadas de 1970/1980, atende às expectativas do público.

A partir desse conceito e do momento histórico, o jornalismo nasce atrelado à esfera pública burguesa, entendida como a esfera das pessoas privadas reunidas em um público, sob o império das leis do mercado e do consumo de cultura, no início do Iluminismo, formado por uma sociedade civil que se utiliza do espaço público para efetuar suas reivindicações eminentemente pessoais e corporativas.

Nesse ambiente emergente da sociedade burguesa, impulsionado pela expansão dos correios e da invenção da impressão tipográfica, em 1445, por Johannes Gutenberg (1390-1468), o público de primeira geração torna-se a base para o jornalismo. O editor substitui o mecenas. As revistas, antes manuscritas, logo se tornam impressos mensais ou semanais.

Essas referências, inclusive, aparecem na primeira tese sobre o jornalismo (*Os relatos jornalísticos*), apresentada pelo alemão Tobias Peucer, na Universidade de Leipzig, em 1690, onde já abordava a credibilidade e variedade de fontes, alertando para a necessidade de ouvir várias pessoas para confirmar a veracidade dos fatos.

Mas o jornalismo como se conhece hoje é um fenômeno do século XIX e uma invenção anglo-americana, por ser informativa e não publicista, ou seja, a notícia centrada no fato, a busca da verdade, a independência, a objetividade e a prestação de serviço público.

A figura do repórter, por exemplo, surge por volta de 1870, por se caracterizar no tipo de jornalista que buscava a notícia (*newsgathering*), tomava notas sobre os eventos e considerava os fatos. Até então os jornalistas não perguntavam às fontes, apenas relatavam o ocorrido e emitiam suas opiniões pessoais.

Naquele século, a reportagem e a pirâmide invertida– que aparece na cobertura da Guerra da Secessão (1861-1865) - e a entrevista, baseadas na narrativa e na informação, surgem como práticas jornalísticas introduzidas pelos americanos. A piramide invertida foi criada pela agência de notícias Associated Press, ao transmitir as notícias do *front* pelo telégrafo

Até 1860, nos Estados Unidos da América (EUA), o jornalismo não formava, ainda, uma classe profissional nem uma indústria. Isso viria a ocorrer no final do século XIX, dando origem ao ideal da objetividade.

Nessa época surgem jornais diários como *New York World* ou simplesmente *The World* (1860-1931), adquirido em 1883 por Joseph Pulitzer, e *The New York Times*, fundado em 1851, além da agência de notícia *Associated Press*, criada em 1846, reflexos de uma sociedade democrática de mercado. Nasce assim, o jornalismo de informação.

O campo jornalístico passa a articular com os campos políticos, econômicos e sociais, sujeito às relações comerciais, às pressões do público, às ações dos jornalistas, aos interesses sociais, políticos e culturais. Então, as fontes entram nesse campo para fazer o seu jogo.

O que é fonte de notícias

Sua origem está associada à mitologia romana, Fonte, deus das nascentes, filho do deus Jano e de Juturna, ninfeta das águas e mananciais. A etimologia é do latim, "fonte: nascente de água". A palavra está relacionada a vários significados e figuras de linguagem.

Refere-se "aquilo que origina ou produz", empregada na anatomia (têmpora), eletricidade (fonte de energia), física e química (fonte térmica, de tensão e de corrente elétrica), tipografia (caracteres), astronomia (fonte de rádio), informática, fotometria, ótica (fonte luminosa) e no jornalismo (fonte de notícia).

É preciso diferenciar "fonte de informação" e "fonte de notícia", no sentido de que qualquer informação está disponível a alguém. Já a fonte de notícia necessita de um meio de transmissão, de um mediador, que faça circular o seu conhecimento ou saber.

Herbert Gans (1980) define fontes de notícias como as pessoas que os jornalistas observam ou entrevistam e quem fornece informações ou sugestões de pauta, enquanto membros ou representantes de um ou mais grupos (organizados ou não) de utilidade pública ou de outros setores da sociedade.

O significado de "fonte" no jornalismo torna-se paradoxal. De uma "fonte limpa" espera-se origem certa, segura; mediante informação insuspeita, autorizada. Igualmente, "ir à fonte", sugere dirigir-se a quem pode fornecer informação exata sobre algo ou explicar a origem do fato. Isso se aplica ao jornalismo investigativo, mas perde a lógica, quando a fonte age proativamente, oferecendo notícia pronta.

A maioria das informações jornalísticas advém de organizações ou personagens que testemunham ou participam de eventos e fatos de interesse da mídia. O mundo moderno obriga o jornalista a produzir notícias que não presencia nem entende. Isso provocou a difusão da assessoria de imprensa, que articula as informações entre a fonte e o jornalista.

Diante dessas abordagens e da taxonomia que desenvolvemos no capítulo *Classificação das fontes de notícias*, a seguir a nossa concepção:

> *Fontes de notícias são pessoas interlocutoras de organizações e de si próprias ou referências; envolvidas direta ou indiretamente a fatos e eventos; que agem de forma proativa, ativa, passiva ou reativa; sendo confiáveis, fidedignas ou duvidosas; de quem os jornalistas obtêm informações de modo explícito ou confidencial para transmitir ao público, por meio de uma mídia.*

A fonte pauta

Uma das formas da fonte interferir na esfera pública ocorre pelo agendamento da mídia. Este processo está ligado à teoria da *agenda setting*, já sugerida em 1922 por Walter Lippmann (2008) - que apontou uma relação causal entre as agendas mediática e pública - e apresentada, 50 anos depois, como uma teoria por Maxwell McCombs e Donald Shaw (1972).

O estudo inicial destes pesquisadores trabalha com a hipótese de que "os jornalistas podem estabelecer a *agenda* e determinar quais são as questões mais importantes". Várias pesquisas se sucederam sobre quem delimita a agenda pública e em que condições.

A pesquisa pioneira denota um poder limitado do jornalismo em pautar os temas da atualidade. Os próprios autores, 25 anos depois, questionaram: "são os jornalistas que estabelecem a agenda ou estes apenas refletem uma agenda estabelecida pelas suas fontes de informação?". Alguns pesquisadores começaram a perguntar, a partir da década de 80: quem agenda a mídia?

McCombs reconheceu, em 2009, que as fontes de notícias (organizações e grupos), assessorias de imprensa (relações públicas) e a política "definem as regras para o agendamento da mídia". Admitiu ainda, que a maioria das informações é preparada pelas fontes "no exato estilo das notícias jornalísticas".

Se, em invés de serem pautadas, as fontes pautam, então se estabelece um poder que mede força com o "poder da imprensa". Mas, as fontes não estão preocupadas com isso, e sim em estabelecer uma conexão estruturada para agendar os meios e comunicar-se com os seus públicos prioritários (*stakeholders*) e a sociedade.

Para obter espaço na mídia, elas criam uma relação mútua, de forma permanente e sustentável, "na elaboração de esforços e execução de estratégias de agendamento da mídia, de forma a buscar a melhor visibilidade e o melhor tratamento de seus temas" (Silva, 2008, p. 86).

A origem das pautas, conforme Bueno (2009, p. 236) em boa parte "têm sido gestadas, pensadas, planejadas nas assessorias de imprensa a serviço das empresas, entidades e mesmo do Governo", que mantêm um relacionamento amistoso com o propósito de pautar e repercutir positivamente seus fatos.

Esse fenômeno, segundo o autor, na maioria das vezes leva a imprensa a ser pautada, em vez de pautar, provocando o "encastelamento" dos profissionais nas redações, que preferem a comodidade da informação pronta e ouvir as mesmas pessoas e organizações. Isso transforma os jornalistas em editores das notícias produzidas pelas fontes.

A nossa pesquisa mostra claramente os objetivos finais das fontes nas relações com a mídia. Demonstra uma atitude preventiva de identificar e eliminar as vulnerabilidades das organizações, em minimizar as notícias desfavoráveis, por isso agendam a mídia, pautando em vez de serem pautadas (80%).

Também fica evidente a intenção maior, a gestão da imagem e da reputação (92%), utilizando-se do espaço editorial para dialogar com seus públicos e a sociedade (92%). Percebe-se ainda que o intento maior da fonte não é somente promover a sua marca, produtos e serviços, embora não descarte esta possibilidade (69%).

Essa situação remete ao *spin*, que é a influência do assessor para que as falas, os enfoques e os interesses da organização que assessora sejam reproduzidos literalmente pelos meios de comunicação.

A expressão inglesa *spin doctor* significa "exímio enganador" ou "manipulador de opinião", ou seja, um profissional de comunicação capaz de transmitir a notícia do ângulo mais favorável possível para a organização.

O *spinning* controla os danos, maquila a realidade, produz percepções, manipula cognições e guia atitudes do público para amenizar um fato negativo.

Os pioneiros nessa prática, no início do século XX, foram Ivy Lee e Eduard Bernays, ambos considerados os pais das relações públicas, dependendo da corrente dos pesquisadores.

Lee era conhecido por "veneno de Ivy", devido a sua habilidade de "envenenar" a informação, persuadir as pessoas, especialmente em momentos de crise na imprensa.

Bernays, duplo sobrinho de Sigmund Freud, influenciado pela psicologia do tio, induziu empresas a influenciar o subconsciente dos consumidores.

Ele promoveu em 1920, em Nova York, o desfile das "tochas da liberdade", para a American Tabacco, detentora da marca de cigarros Lucky Strike.

O objetivo do evento era equiparar o ato de fumar das mulheres a um símbolo de liberdade, associando à ideia da emancipação feminina a uma sociedade de igualdade entre os sexos.

Atualmente, o *spin doctor* é mais frequente na política, a serviço de um governo ou de um partido, e sua ação objetiva a formação da opinião pública favorável.

Porque as fontes mantêm relações com a mídia

Relacionamento para...	Sim
Agendar, pautar em vez de ser pautado	80%
Gerir a imagem e a reputação sua ou da organização	92%
Dialogar com seus públicos e a sociedade	92%
Promover a sua organização, produtos e serviços	69%

Nota: Respostas das fontes

A fonte produz a notícia

O saber do jornalismo também é construído pela fonte, embora não se preste a devida atenção à sua relação com a mídia. As notícias resultam de processos complexos da interação, mas há limites na sua produção, por isso, cada vez mais as fontes fornecem conteúdos prontos para uso.

Segundo os americanos Harvey Molotch e Marilyn Lester (1974), mesmo quando os jornalistas (*news assemblers*) produzem as notícias, são pressionados pelas fontes (*news promoters*) a alterar o enfoque ou aceitar as notícias produzidas por elas, principalmente quando apresentadas no enquadramento (*frame*) de interesse do público.

Aliás, "os promotores de notícias" passaram a interferir de forma decisiva no processo jornalístico, sendo também produtores ostensivos de conteúdos com qualidade de notícias, garantindo o seu espaço nos processos jornalísticos.

Enfim, têm o poder e a capacidade de criar acontecimentos públicos adaptados à noticiabilidade. Partem das práticas e critérios dos jornalistas e tratam de oferecer conteúdos que atendam aos requisitos que tornam um acontecimento, uma notícia irrecusável.

Assim, o jornalismo torna-se apenas o mediador entre quem produz a notícia e o público, devido aos custos para obter a informação, ao enxugamento das redações, à proliferação de assessorias e agências de comunicação e à capacitação das fontes para o relacionamento com a mídia.

A fonte, via assessoria de imprensa, segundo Duarte (2010, p. 311), "apresenta a informação de maneira embalada, *prêt-à-porter*, pronta para uso, ou pelo menos, para facilitar o trabalho da redação", pois sabe que o jornalista normalmente trabalha sob pressões e considera a facilidade de produção.

Estrategicamente, a fonte apresenta seus conteúdos seguindo os processos jornalísticos: release estruturado com título curto, atraente, verbo de ação; lide com a essência da notícia; "ganchos" que estimulam a leitura; texto carregado de objetividade, inclusive no estilo que recomendam os manuais de redação.

O processo de produção de notícias é denominado na teoria do jornalismo de *newsmaking*. Seus principais pesquisadores são: Leo Rosten (1937), Gaye Tuchman (1972), Bernard Roshco (1975), Michael Schudson (1978), Mark Fishman (1980) e o brasileiro Alfredo Vizeu (2005).

Estratégias para a seleção

Na ação pessoal dos jornalistas, as notícias dependem do que as fontes dizem e refere-se notadamente ao processo do *gatekeeper*, isto é, ao jornalista que tem o poder de selecionar as notícias, hipótese apresentada por David White, em 1950.

Ele aplicou os estudos do fluxo de informações feitos em 1947 pelo fundador da psicologia social, Kurt Lewin (1890-1947). White considera subjetivo e arbitrário o juízo de valor do jornalista, Mr. Gates, por se basear nas suas experiências, atitudes e expectativas.

Mr. Gates era o cognome do jornalista pesquisado, de 40 anos, 25 anos de experiência, editor de um jornal com tiragem de 30 mil exemplares diários, da cidade americana de Midwest, no Oklahoma.

Para chegar a essas conclusões, ele analisou, durante uma semana, as razões do editor para rejeitar 1.333 notícias recebidas das agências AP (Associated Press), UP (United Press) e INS (International News Service): 48% por falta de espaço, 32% sem interesse jornalístico e o restante por motivos diversos.

Muito se discute sobre este poder do jornalista. Alguns alegam que se trata de uma autonomia consentida a partir de uma política editorial do veículo, outros discordam, assegurando que o jornalista segue as normas deontológicas e que faltam critérios éticos para exigir uma subordinação.

Isso abala as ações das fontes que, para ter êxito, devem conhecer os critérios de seleção e os contextos relativos à escolha do selecionador, tornando as mensagens suficientemente atrativas para serem escolhidas.

Pamela Shoemaker, uma das principais pesquisadoras do *gatekeeper*, publicou em 2009, com Timoty Vos, uma obra onde percebem uma evolução desse processo, devido ao aparecimento de novas mídias e tecnologias, ao surgimento do jornalismo cidadão, à segmentação dos meios de comunicação e à consolidação da assessoria de imprensa.

Até então os estudos do *gatekeeper* analisavam as notícias sob o enfoque do jornalista, ignorando por completo as organizações jornalísticas e as fontes, embora haja um impacto evidente sobre os "promotores de notícias".

O trabalho do editor selecionador segue um automatismo de classificação, de um senso prático baseado na experiência de hierarquizar rapidamente o turbilhão de informações. Ao selecionar as notícias, ele também faz uma depuração das fontes e das suas ações.

Dá prioridade àquelas fontes que mantém uma relação regular e proximidade geográfica; antecipam e agilizam o acesso à informação (produtividade); transmitem credibilidade e confiança; têm autonomia, autoridade e garantem o que declaram, bem como aquelas que são respeitadas e articuladas.

As fontes, por interesse próprio, tratam de informar a sociedade sobre as suas ações ou impedir que se espalhe uma versão inconveniente. O jornalista, no papel de selecionador, considera se o fato é notícia ou não, ou seja, se interessa ou não ao seu público e veem as fontes como colaboradoras da produção jornalística.

Sabendo desse procedimento, as fontes usam estratégias para obter visibilidade na esfera pública, legitimar a identidade organizacional ou pessoal e formar uma imagem positiva associada à credibilidade e à boa reputação. "Do ponto de vista jornalístico, isso pouco importa. Nem mesmo a natureza promocional de uma informação" (Lage, 2001, p. 69).

Jorge Duarte (2010) indica os critérios que os jornalistas utilizam para selecionar o que pode ou não ser notícia, onde, que espaço, o enfoque e a oportunidade de uso das informações:

a) "credibilidade", se conhece e confia na fonte;

b) "interesse público", se a notícia cativa o público;

c) "ser novidade", se o assunto ainda não foi suficientemente abordado pela imprensa;

d) "disponibilidade", se há informação suficiente sobre o tema, fontes disponíveis e acessíveis;

e) "exclusividade", se a notícia está sendo oferecida a um determinado jornalista ou veículo;

f) "adequação", se há enquadramentos nos temas de interesse e critérios de seleção de notícia daquele meio de comunicação ou seção.

Por exemplo, Estela Benetti, colunista do *Diário Catarinense*, primeiro verifica se o assunto interessa ao público da sua coluna e "se vai gerar, de uma forma ou de outra, um impacto na vida de muitas pessoas". Ela ainda verifica a exclusividade, "mas não com rigor absoluto".

A colunista também considera se a fonte é uma empresa "com importância social e econômica; e a credibilidade do assessor ou assessoria". Revela que às vezes publica uma notícia "de uma empresa pequena, só porque o fato foi apresentado com argumentos claros, curiosos, e pode servir de exemplo aos outros".

Conhecimento compartilhado

A atividade jornalística gera diferentes modos de conhecimento, extrapolando a simples técnica, sendo uma forma social de conhecimento da realidade. Utiliza a singularidade, como essência da notícia, sempre considerando a objetividade, uma característica exigida na prática e motivo de discórdia entre os teóricos.

A objetividade coloca a fonte no centro da apuração, pois o jornalista faz suas confirmações a partir de consulta a quem informa ou contextualiza os fatos, mesmo que sejam suspeitas, especulações, pontos de vista.

Para mediar a realidade, o jornalista se vale do conhecimento das fontes na fase de produção da notícia, quando ele busca a informação para depois informar os outros. "Nesse momento ocorre a objetividade jornalística" (Sponholz, 2009, p. 8).

Às vezes, o jornalista busca a ratificação do que deseja confirmar em uma declaração, usando "aspas" pinçadas de contextos, como muletas para se isentar de responsabilidades e apresentar um conteúdo objetivo.

Para Gaye Tuchman (1972) a objetividade jornalística é um mecanismo de proteção, inserida na dinâmica do trabalho, seguido rotineiramente do repórter ao editor, que seguem um ritual estratégico, identificando três elementos:

a) "forma", relacionada ao que se julga ser notícia (*news judgement*), uso de depoimentos conflitantes, apresentação de provas auxiliares divergentes, citações entre aspas para privar o repórter de opinar e a estruturação da informação numa sequência lógica (pirâmide invertida);

b) "relações organizacionais", que levam os jornalistas a requerer legitimidade de quem fala, exigir a revelação de informações relevantes e avaliar os procedimentos institucionais;

c) "senso comum", relativo à convicção do que se considera verdadeiro e normalmente aceito.

Noticiar com a frieza da objetividade torna um conteúdo superficial e sem apelo. Por isso, o jornalismo recorre ao conhecimento das fontes, para aprofundar a apuração e humanizar a notícia.

O conhecimento no jornalismo envolve a cognição social, isto é, o conhecimento de uns sobre o conhecimento de outros. O jornalista detém o "conhecimento de" (acúmulo e fusão de percepções) e busca o "conhecimento a cerca de" (formal, lógico), conforme analisou em 1940, Robert Park, a partir dos argumentos do filósofo William James (1842-1910).

As fontes, detentoras do "conhecimento acerca de", desenvolvem uma gestão do que conhecem e recorrem a um epicentro de ressonâncias, a mídia, para transformar um conhecimento pessoal ou social (da organização) em conhecimento compartilhado.

E para compartilhar o que sabem, as fontes profissionalizam o seu processo de comunicação, com a contratação de jornalistas que lhes assessoram nos ajustes aos procedimentos jornalísticos, com o propósito de repassar a informação de seu interesse de forma eficaz e objetiva.

A profissionalização

As fontes trataram de contratar profissionais graduados em jornalismo para aperfeiçoar o relacionamento com a mídia. Dados de ANJ (2010) indicam que 58% dos jornalistas brasileiros atuam em assessoria de comunicação.

A partir de meados da década de 80, eles vêm ocupando espaços que, em tese, são específicos dos profissionais de relações públicas, representando 30% dos profissionais que atuam nos departamentos de comunicação de empresas, 73% nas agências de comunicação e 82% no serviço público.

O crescente nível de profissionalização da comunicação, tanto nas organizações como na assessoria às personalidades, também aparece em outros países, a exemplo da França e Espanha, onde proliferam as assessorias e agências de comunicação que atraem os jornalistas e paralelamente ocorre a capacitação de fontes e porta-vozes.

A preferência é por jornalistas com passagens pelos veículos de comunicação, porque dominam as técnicas do jornalismo, conhecem as rotinas das redações e sabem como facilitar o trabalho dos jornalistas, oferecendo conteúdos completos.

Esse processo de desenvolver estratégias para antecipar as rotinas e práticas jornalísticas, abastecendo a mídia com material pronto para veicular, torna-se de grande utilidade para as redações, pois economiza tempo e o custo para coletar a informação original.

Aproveitando a disponibilidade de jornalistas em seus quadros de pessoal, as organizações não midiáticas também desenvolvem e mantém as suas mídias próprias (jornal, revista, portal na internet, emissoras de rádio e TV) para interagir na espera pública.

Igualmente ocorre a capacitação das fontes, como interlocutores de informações. As organizações passaram a treinar e sensibilizar seus interlocutores sobre as suas responsabilidades no contato com a imprensa.

Quanto maior a visibilidade da organização, maior a sua preocupação com a qualidade das informações disponibilizadas para a mídia. Daí, a decisão da realização de treinamento (*mídia training*) para desenvolver ações sistemáticas de relações com os jornalistas, notadamente na preparação para a contingência e gestão de crises.

Na capacitação das fontes e porta-vozes são revelados os métodos, ritos e atitudes de repórteres e editores. Aborda inclusive o universo particular dos jornalistas: os jargões, truques, como percebem e interpretam os valores de notícia.

As principais pesquisas

Um dos primeiros estudos sobre o tema, realizado por Walter Gieber e Walter Johnson, em 1961, apresenta as relações entre jornalistas e fontes na Prefeitura de Nova York. Eles indicaram que os jornalistas se tornam coadjuvantes involuntários das fontes oficiais, pela lealdade entre ambos e interesses sobrepostos.

Outro trabalho significativo é de Leon Sigal, de 1973, que investigou nos jornais *Washington Post* e *The New York Times*, como as notícias chegam aos jornalistas. Conclui que a notícia não é o que os jornalistas pensam, mas o que as fontes dizem. Apurou que 75% delas são autoridades públicas e 60% das notícias vêm de canais de rotina (releases, entrevistas coletivas).

A dupla Harvey Molotch e Marilyn Lester mostraram em 1974 como surge a notícia e apontam as fontes como "promotoras de notícias" (*news promoters*), com ou sem intenção. Classificam as ocorrências em rotinas (eventos, coletivas de imprensa), acidente (não intencional), escândalo (inesperado, de surpresa) e acaso (não planejado).

Os ingleses Stuart Hall, Chas Critcher, Tony Jefferson, John Clarke e Brian Roberts (1978) analisam as fontes políticas em momentos de crise. Estabelecem as oficiais como "definidores primários" (*primary definers*) e os preferidos da imprensa, principalmente pelo tipo de instituição, notoriedade, poder e especialização. Indicam ainda os definidores secundários (*secondary definers*) no processo de produção das notícias.

Ordenam uma hierarquia de credibilidade, onde os mais poderosos têm preferência nas declarações de temas controversos. Eles consideram a fonte "especialista" a mais fidedigna, pois fornece informações sem interesse particular, embora a mídia prefira as "autorizadas", notadamente de organizações públicas.

Hebert Gans publicou, em 1980, a pesquisou que fez nos noticiários das emissoras de televisão CBS e NBC, e nas redações das revistas *Newsweek* e *Time,* concluindo que a relação entre repórter e fonte corresponde a um duelo intelectual. Enquanto um se esforça para divulgar uma informação positiva, o outro quer que aquele diga o que não quer dizer.

Outro americano, Stephen Hess estudou como os governos usam a assessoria de imprensa em cinco agências federais em Washington, em situações de rotina e de crise. Na sua obra de 1984, ele descreve como os funcionários públicos utilizam os instrumentos jornalísticos (releases, coletivas, entrevistas, clipping), indicando que a relação ocorre de forma respeitosa, mas fica estremecida em momentos de crise.

Os canadenses Richard Ericson, Patricia Baraneck e Janet Chan analisaram várias instituições públicas (prefeitura, tribunais, parlamento provincial) e empresas para verificar como se protegem contra a busca jornalística do desvio e das fugas de informação. Divulgaram, em 1989, a pesquisa onde afirmam que algumas fontes têm livre acesso à mídia e são capazes de explorar esse poder para levar vantagem.

A profissionalização e o poder das fontes é foco de estudos de Philip Schlesinger (1992), sob o olhar da sociologia do jornalismo. Este autor britânico afirma que há um "acesso estruturado", onde os meios de comunicação abrem as suas portas àqueles que gozam da sua confiança, dando acesso a grupos sociais privilegiados pelo poder institucional.

Ele alarga o conceito de "definidores primários" de Hall e equipe (1978), na perspectiva de estratégias proativas, bem como discorda da categorização simplista de fontes "oficiais" e "oficiosas", afirmando que, independente do tipo, as fontes ocupam domínios e desenvolvem ações dinâmicas para sensibilizar seus públicos.

Érik Neveu (2001) também se ocupa das fontes, e assim com Schlesinger, percebe o processo de profissionalização, confirmando que também na França há mais jornalistas em assessoria de imprensa do que nas redações. Ele reconhece que as estratégias das fontes são múltiplas, notadamente na oferta de "informação pronta para publicar".

A relação entre jornalista e fonte em campanhas eleitorais foi pesquisada por Jay Blumler e Michael Gurevitch, a partir da redação da BBC. Publicaram a pesquisa em 1995, concluindo que os políticos precisam de canais de comunicação para transmitir mensagens e se adaptam ao formato e aos meios.

O inglês Paul Manning (2001) verificou que as organizações privadas passaram a capacitar suas fontes e porta-vozes para redobrar os cuidados nas relações com a mídia, evitar notícias negativas e adotar um discurso adequado, zelando pela imagem e reputação organizacional.

O português Rogério Santos estudou a negociação entre jornalistas e fontes. Na sua obra de 1997, entre as suas conclusões, destaca-se o fato de que elas estão permanentemente disponíveis aos jornalistas e buscam sistematicamente espaço para se tornar notícia seguindo os critérios de noticiabilidade. Nesse embate velado, os interesses podem ser comuns, mas também distintos, pois ambos sabem que um precisa do outro.

Outro lusitano, Manuel Pinto (2000), tipifica as fontes segundo a natureza (pessoais ou documentais), origem (pública ou privada), duração (esporádicas ou permanentes), âmbito geográfico (locais, nacionais ou internacionais), grau de envolvimento nos fatos (primárias ou secundárias), atitude face ao jornalista (ativa ou passiva), identificação (explicitadas ou confidenciais) e segundo a metodologia ou estratégia de atuação (proativas ou reativas).

O luso-brasileiro Manuel Carlos Chaparro, desde o seu mestrado, concluído em 1987, transita neste campo, defendendo a hipótese da "revolução das fontes", de que o jornalismo deslocou o foco das redações para as fontes, pois elas, além de produzirem fatos, têm o poder e a capacidade de desenvolver conteúdos com atributos de notícia, influenciando os sistemas e os processos jornalísticos.

A natureza das fontes é tema de Nilson Lage em uma de suas obras, editada originalmente em 2001, trazendo os conceitos de fontes primária e secundária para o jornalismo. Ele faz uma introdução à classificação das fontes, descrevendo alguns tipos (pessoas, instituições e documentos), formas (oficiais e oficiosas) e atributos (testemunhais e *experts*).

Outro brasileiro, Francisco Sant'Anna (2009) pesquisou como as organizações públicas mantêm as suas próprias mídias, seguindo as técnicas do jornalismo: emissoras de televisão e rádio, jornais, revistas, portais na internet etc. Isto garante a transmissão de suas informações ao espaço público. Chama este fenômeno de "jornalismo das fontes".

No Brasil, a academia tem produzido algumas pesquisas relevantes sobre o relacionamento entre jornalistas e as fontes, como o trabalho de mestrado de Fabia Dejavite (1996), que estudou o jogo de sedução de fontes que abastecem, assediam e seduzem a imprensa com conteúdos genuinamente jornalísticos, coquetéis, encontros, viagens, jantares etc.

Outro estudo, de Osmar Barreto Lopes (2002), mostra o poder das fontes no jornalismo econômico. Analisa como a produção das pautas se desloca das redações para o campo das fontes, reconhecidas pelos discursos, dados estatísticos e números de que dispõem, como critérios para que uma informação se torne notícia. Este também é o tema da tese de Paula Puliti (2009), sobre a "financeirização" do noticiário econômico.

Consuelo Chaves Joncew (2005) defende a tese do papel das fontes na qualificação da notícia, como agentes ativos no enquadramento da realidade retratada na imprensa. Ela investiga a participação das "fontes formais", organizações e especialistas, concluindo que preservam a sua imagem e os seus interesses.

O papel das fontes na construção social da notícia é o tema da dissertação de Willian Silva Bonfim (2005), que pesquisa a relação das organizações não governamentais com o jornalismo. Outra pesquisa nesta linha é a tese de Paula Reis Melo (2008), que discute as estratégias do Movimento dos Trabalhadores Rurais Sem Terra (MST), como fonte de informação em confronto com a cobertura jornalística.

Classificação das fontes de notícias

Sem as fontes não há notícia nem noticiário.
Manuel Carlos Chaparro

São díspares as classificações e denominações dos tipos de fontes de notícias por pesquisadores e nos manuais de redação dos principais jornais brasileiros: *Folha de S. Paulo*, *O Estado de S. Paulo*, *O Globo* e *Zero Hora*. Isso nos levou a reunir e revisar as diferentes classificações e propor uma taxonomia das fontes.

As tipificações são frágeis diante da variedade de fontes e das formas de interferência nos procedimentos jornalísticos. Não basta classificar como "promotores de notícias", como fez Molotch e Lester (1974) nem de "definidores primários", conforme denominam Hall e equipe (1978).

Gans (1980) talvez seja o pesquisador que mais avançou ao classificar as fontes por tipos: institucionais, oficiais, oficiosas, provisórias, passivas, ativas, conhecidas e desconhecidas. Para ele, as fontes não são idênticas nem apresentam igual importância, mas tentam informar o que mais lhes convêm e sob a sua ótica.

Chaparro (2009) propõe uma iniciação à teoria das fontes, com a classificação de sete tipos: "organizadas", organizações que produzem conteúdos noticiáveis com grande competência e utilizam a notícia como forma de ação; "informais", falam apenas por si; "aliadas", informantes que mantêm uma relação de confiança com os jornalistas.

Ainda de seu esquema: "fonte de aferição", são as especializadas em certos temas e cenários; "de referência", entendidas como pessoas sábias ou instituições detentoras de um conhecimento; "documentais", referente a documentos de origem confiável e identificada; e "bibliográficas", que abrange livros, teses, artigos etc.

Quanto à qualificação, Héctor Borrat (1981) classifica como "compulsiva" (proativa), "aberta" (passiva), "resistente" (reativa), "espontânea e ansiosa" (ativa). Portanto, torna-se simplista considerar as fontes apenas, passivas e ativas. Suas ações são bem mais complexas.

A *Folha de S. Paulo* distingue quatro classes de fontes: "tipo zero", que são enciclopédias, documentos, vídeos; "tipo um", com histórico de confiança e conhecimento de causa; "tipo dois", tem os atributos da fonte "tipo um", menos o histórico de confiabilidade; "tipo três", tido como a de menor confiabilidade, embora bem informada, tem interesses políticos, econômicos etc.

Matriz de tipificação

A maioria das informações jornalísticas é plural, emana de vários tipos de fontes, que o jornalista utiliza para reforçar ou confirmar a verdade no relato dos fatos. Por isso, hierarquizar as fontes é essencial na atividade jornalística, pois a notícia polifônica converge da diversidade de opiniões, relatos, testemunhos e mídias.

O quadro a seguir representa essa dinâmica, pois estabelece uma demarcação e inter-relação entre os tipos, grupos e classes de fontes. De posse desta matriz, pode-se partir de qualquer tipo de fonte para ordenar uma relação mútua entre os diferentes quadrantes.

Portanto, este sistema de classificação explicita as nuances e características de cada tipo. Ao mesmo tempo, forma um conjunto complexo, que conceituamos um a um para ordenar os atributos, como uma contribuição para uma introdução à teoria das fontes de notícias.

Matriz de classificação das fontes de notícias

Categoria	Grupo	Ação	Crédito	Qualificação
Primária Secundária	Oficial Empresarial Institucional Popular Notável Testemunhal Especializada Referencial	Proativa Ativa Passiva Reativa	Identificada Anônima	Confiável Fidedigna Duvidosa

Categoria

Por seu envolvimento direto ou indireto ao fato, uma fonte pode ser primária ou secundária. Essa categorização também é comumente aplicada à historiografia, biblioteconomia e outras áreas. Portanto, são termos relativos e contextuais.

Primária

Fornece diretamente a essência de uma matéria, como fatos, versões e números, por estar próxima ou na origem da informação. Geralmente revela dados "em primeira mão", que podem ser confrontados com depoimentos de fontes secundárias.

Secundária

Contextualiza, interpreta, analisa, comenta ou complementa a matéria jornalística, produzida a partir de uma fonte primária. Igualmente, é com quem o repórter repercute os desdobramentos de uma notícia (suíte). Também consultada no planejamento de uma pauta.

Grupo

Toda informação tem uma origem ou contextualização. Quem informa é reconhecido pela notoriedade, testemunha ou especialização. A representação de uma organização ou personalidade, pode ser mediada por uma assessoria de imprensa, porta-voz ou informante autorizado ou não.

A assessoria de imprensa não é fonte, mas ponte, por intermediar os interesses, opiniões, conhecimentos e relatos de eventos de quem assessora. Nem o porta-voz é fonte, mas uma pessoa qualificada e autorizada a dar informações, que reflitam o pensamento oficial de quem representa.

Chama-se de informante "autorizado" ou "não autorizado" (também denominado de "fonte oficiosa") quem substitui o porta-voz ou a própria fonte quando esta não pode - ou não deseja, ou ainda, desconhece, no caso de "não autorizado" - formalizar a informação ou a sua opinião, pessoalmente.

Oficial

Alguém em função ou cargo público que se pronuncia por órgãos mantidos pelo Estado e preservam os poderes constituídos (executivo, legislativo e judiciário), bem como organizações agregadas (juntas comerciais, cartórios, companhias públicas etc.).

É a preferida da mídia, pois emite informação ao cidadão e trata essencialmente do interesse público, embora possa falsear a realidade, para preservar seus interesses ou do grupo político.

Empresarial

Representa uma corporação empresarial da indústria, comércio, serviços ou do agronegócio. Comumente suas ações têm interesse comercial ou institucional e estabelecem relações com a mídia visando preservar a sua imagem e reputação.

São igualmente acusadas do poder que exercem como anunciantes, confundindo-se suas notícias como publicidade. Mas para o jornalismo, isso pouco importa, desde que a informação reúna os elementos da noticiabilidade.

Institucional

É quem representa uma organização sem fins lucrativos ou grupo social. Geralmente ostenta uma fé cega naquilo que defende, o que coloca sob suspeita as informações que fornece, embora seja considerada espontânea e desvinculada de qualquer interesse próprio.

Normalmente, busca a mídia para sensibilizar e mobilizar o seu grupo social ou a sociedade como um todo e o poder público, para defender uma causa social ou política, tendo os meios de comunicação como parceiros.

Popular

Manifesta-se por si mesmo, geralmente, uma pessoa comum, que não fala por uma organização ou grupo social. Enquanto testemunha, enquadra-se em outro tipo, por não defender uma causa própria.

Uma fonte popular aparece notadamente como "vítima, cidadão reivindicador ou testemunha". A figura da vítima é carregada de noticiabilidade, pois o público se interessa pelo sofredor, injustiçado ou pela desgraça do destino (Charaudeau, 2009).

Já o cidadão busca visibilidade para reivindicar os seus direitos. Além de testemunhar algum fato, essa fonte também é utilizada para contextualizar uma informação na vida cotidiana.

Notável

São pessoas notáveis pelo seu talento ou fama, geralmente artistas, escritores, esportistas, profissionais liberais, personalidades políticas, que falam de si e de seu ofício.

Ainda que os especialistas se considerem notáveis, representam uma especialidade, um conhecimento reconhecido, por isso merecem uma tipificação à parte.

Testemunhal

Funciona como álibi para a imprensa, pois representa aquilo que viu ou ouviu, como partícipe ou observadora. Desempenha o papel de "portadora da verdade", desde que relate exatamente o ocorrido, a menos que seja manipulada, daí deixa de ser testemunha.

Geralmente não se suspeita que esse tipo de fonte oculte os fatos, pois é considerada independente, mesmo que não relate exata e fielmente o ocorrido.

Quanto mais próxima ao fato, maior a credibilidade, pois "se apoia na memória de curto prazo, que é mais fidedigna, embora eventualmente desordenada e confusa" (Lage, 2001, p. 67).

Especializada

Trata-se de pessoa de notório saber específico (especialista, perito, intelectual) ou organização detentora de um conhecimento reconhecido. Normalmente está relacionada a uma profissão, especialidade ou área de atuação. Tem a capacidade de analisar as possíveis consequências de determinadas ações ou acontecimentos.

O jornalista pode não saber, mas conhece quem sabe e recorre ao especialista para estabelecer conexões e analisar a complexidade do tema. Busca informações secundárias ou complementares, notadamente em situação de risco ou conflito, na cobertura de temas complexos ou confusos e no jornalismo científico.

Referência

Aplica-se à bibliografia, documento ou mídia que o jornalista consulta. Trata-se de um referencial que fundamenta os conteúdos jornalísticos e recheia a narrativa, agregando razões e ideias.

A bibliografia envolve livros, artigos, teses e outras produções científicas, tecnológicas e culturais. Os documentos, especialmente os dossiês, devem ser de origem confiável e identificada, pois se constitui em prova em caso de denúncia.

Ainda servem de fonte, as mídias, como jornais, revistas, audiovisuais e a internet (mídias sociais, portais, sites, blogs), que também produzem conteúdos e servem de fontes de consulta, embora passíveis de distorções.

As redes sociais nas mídias digitais são utilizadas como fontes no jornalismo contemporâneo, notadamente pelas conexões de um grande leque de informações, que podem rechear as matérias jornalísticas.

Embora rico e denso, o material informativo nessas redes sociais, intercalam comentários, opiniões e, inclusive, boatos. A linguagem reflete identidades sociais ou de grupos: gírias, posicionamentos e visões de mundo.

As redes sociais são fontes aleatórias, pois não tem o intuito de notícia. Às vezes buscam se divertir. Assim, surgem os *memes* e virais, com um olhar humorado da realidade.

Uma frase pinçada de um anúncio imobiliário na TV, onde o colunista paraibano Gerardo Rabello reuniu a família para protagonizar o comercial, "menos a Luiza, que está no Canadá", tornou-se um *meme* superexplorado pela mídia.

Esta frase sem importância publicitária nem jornalística tornou a adolescente Luiza em celebridade, notícia nos principais telejornais brasileiros, sem ser motivo de notícia.

Qualquer informação que circula nessas redes carece de checagem com as fontes confiáveis e institucionalizadas.

Ação

As fontes agem conforme a sua conveniência, embora atuem aparentemente na perspectiva de colaborar com o jornalista. A maioria dos pesquisadores se fixa nas denominações de representatividade, mas as fontes escondem ações e qualificações.

Elas passaram a agir de formas diversas. Há uma crescente mobilização das fontes para intervir no jornalismo, agindo proativamente, pois mantêm estruturas de comunicação, tendo entre seus profissionais, jornalistas experientes com passagens por redações.

Proativa

Devido ao nível de profissionalização, as fontes organizadas aprimoraram as suas ações estratégicas, subindo ao patamar da proatividade, isto é, produzem e oferecem notícias prontas, ostensiva e antecipadamente.

Utilizam uma estratégia de visibilidade e agendamento de suas ideias, produtos ou serviços, para neutralizar concorrentes ou adversários, criando a si uma identidade positiva. Usam o jornalismo para interferir na esfera pública.

Estão permanentemente disponíveis aos jornalistas e fornecem informações com antecedência e de acordo com os critérios de noticiabilidade, para garantir notoriedade e reconhecimento, tendo em vista a divulgação contínua de seus fatos e interesses.

Ativa

Os jornalistas tendem à passividade, enquanto as fontes interessadas agem ativamente, criando canais de rotinas (entrevistas exclusivas ou coletivas, releases frequentes, sala de imprensa no site da organização, mídias sociais etc.) e material de apoio à produção de notícias, para facilitar e agilizar o trabalho dos jornalistas.

Embora menos ostensiva, a fonte ativa mantém uma regularidade no relacionamento com a mídia e uma estrutura profissional de comunicação. Age de forma equilibrada, utilizando a mídia para defender os seus interesses e gerir a sua imagem e reputação perante os seus públicos (*stakeholders*) e a sociedade.

Passiva

Algumas fontes são passivas e não alteram essa sua natureza, como é o caso das referências (bibliografia, documento e mídia), disponíveis à consulta dos jornalistas. Mas organizações, grupos e pessoas também podem ter uma atitude passiva, de se manifestarem somente quando consultadas por repórteres, fornecendo estritamente as informações solicitadas.

Reativa

Para certas fontes, o jornalista somente busca notícia ruim e sensacionalista, distorcendo os fatos e destacando o negativo, "uma espécie de confidente, que se nutre da vaidade, da ignorância ou da solidão das pessoas" (Malcolm, 1990, p. 10).

Por essas e outras razões, pessoas e organizações agem discretamente, sem chamar a atenção da mídia (*low profile*) ou para evitar a invasão de sua privacidade, mesmo sendo notórias e detentoras de informações relevantes e de interesse público.

A maioria dos meios de comunicação diz que respeita a privacidade, embora quem tem uma vida pública perde, por isso, parte do direito à privacidade. Alguns empresários, ricos e famosos evitam a publicidade na imprensa, receosos de sequestros, roubos ou do fisco.

Quando a fonte limita-se a dizer "nada a declarar", geralmente tem mais a esconder, do que a declarar. A sua posição inerte pode-se alterar, embora sua estratégia seja essencialmente preventiva e defensiva.

Crédito

O crédito é um elemento básico da produção jornalística. A princípio, toda fonte deve ser identificada. Caso não seja claramente situada, identificada e confirmada, o jornalista abstém-se da informação ou negocia o sigilo.

Ela pode falar ou fornecer informação em *on* (*on the record*), revelando a sua identidade, ou no anonimato, em *off* (*off the record*), de forma confidencial ou extraoficial, com a intenção clara de não divulgar ou, se for, sem a indicação de quem fez a declaração (*on background*) nem a função que exerce (*on deep background*).

Identificada (on)

A identificação correta das fontes – nome (de preferência completo ou como a pessoa é conhecida), *status*, profissão, cargo, função ou condição e a quem representa. Nas seções de Esportes, Entretenimento e Polícia é comum o uso simples do nome, apelido ou iniciais (crianças e adolescentes envolvidos em ato ilícito ou constrangedor)

Além de orientar o público, a identificação dá o crédito a quem se dispõe a colaborar, cedendo a sua imagem, sem por isso, requerer direitos autorais.

Ao prestar uma informação em *on*, o jornalista presume que a fonte deseja ser identificada, embora, às vezes, a identificação se faz de maneira vaga ou indireta, geralmente por incompetência do repórter, quando indica somente *status* ou função: "importante empresário", "um participante da reunião", "um ex-ministro" etc.

Notadamente o telejornalismo adota dois pesos e duas medidas para identificar as fontes. Quando se trata de uma notícia negativa ou sensacionalista, as marcas e empresas são citadas verbalmente e com ênfase. No entanto, no caso de sucesso ou boa iniciativa, a fonte não é identificada adequadamente.

Se algum empresário dá uma opinião ou depoimento, aparece na legenda, apenas: "diretor da empresa". Em caso positivo, a fonte não tem nome nem crédito, o que contraria um elemento básico da produção jornalística.

As emissoras de televisão têm uma resposta pronta para este equívoco: "citar uma empresa em programa jornalístico é fazer propaganda gratuita".

Fica a impressão de que os telejornais não sabem separar jornalismo de propaganda. Apropriam-se das imagens e das falas das fontes quando lhes convêm, esquecendo que o crédito é um dos princípios da ética jornalística.

Algumas empresas patrocinam a cultura e o esporte na esperança de ver a sua imagem na televisão ou fotos, associada a algo positivo. Mas suas intenções são frustradas, porque os telejornais, quando não conseguem cortar a marca, inserem uma tarja embaçada sobre o logotipo.

Em contrapartida, as TVs faturam alto com as transmissões e aumentam as audiências usando esportistas e artistas sem pagar direitos de imagem.

Anônima (off)

Entre o jornalista e a fonte se estabelece uma relação de confiança que pode incluir o compromisso do silêncio quanto à origem da informação. Essa relação envolve questões legais, éticas e deontológicas.

Trata-se do sigilo de fonte, em que o jornalista não é obrigado a revelar sua fonte, o que é assegurado na legislação das democracias contemporâneas. Mas, cabe à fonte decidir o que pode ou não ser divulgado e, ao jornalista, considerar o *off* ou não.

Este assunto também é tratado no tópico *Sigilo de fonte*.

Qualificação

Embora sutis, as fontes apresentam qualificações diferentes, conforme a sua credibilidade, proximidade e relação com os jornalistas ou quando a informação é exclusiva ou partilhada.

Mas em todos os casos paira a suspeita, porém é da cultura jornalística duvidar sempre, pois o que permeia a relação entre fonte e jornalista é a veracidade da informação, o fato.

Confiável

Os jornalistas selecionam as suas fontes pela conveniência e confiabilidade, mas também pela produtividade, ou seja, aquelas que mantêm uma relação estável, sendo acessíveis e articuladas.

A confiança também se estabelece pelo histórico de veracidade das declarações ou dados fornecidos de forma eficaz, isto é, a informação certa e verdadeira na hora esperada ou rapidamente.

Assim, a fonte torna-se confiável, pois mantém uma relação estável com o jornalista, por interesses mútuos.

Fidedigna

O jornalista também busca as fontes pelos critérios de respeitabilidade, notoriedade e credibilidade. Portanto, a fonte fidedigna, embora não mantenha um histórico de confiança mútua, exerce seu poder pela posição social, inserção ou proximidade ao fato.

O jornalismo empenha-se incessantemente em legitimar o que diz como verdadeiro e esse jogo da verdade jornalística depende de fonte fidedigna, de quem está acima de qualquer suspeita e digno de fé, mesmo professando uma ideologia.

Duvidosa

Expressa reserva, hipótese e mesmo suspeita. Assim, o valor de verdade da informação é atenuado, embora a sua posição confira crédito e o jornalista considera a informação como provisoriamente verdadeira, até prova em contrário.

Aliás, é de ofício do jornalista duvidar sempre, e da "cultura jornalística tratar as fontes como interfaces suspeitas... como, por exemplo, nos manuais de redação, que orientam os jornalistas a olhar as fontes com desconfiança" (Chaparro, 2009).

Segundo a nossa pesquisa, considerando a média ponderada, conclui-se que para os jornalistas brasileiros, as fontes que merecem maior crédito são os especialistas, seguidos pelas fontes de referência, testemunhal, institucional, empresarial, oficial e popular, nessa ordem decrescente.

Grau de confiança nos tipos de fontes

Tipos de fontes	Nenhuma	Pouca	Muita	Total
Especializada	2%	15%	73%	10%
Referência	1%	20%	71%	9%
Testemunhal	2%	27%	65%	5%
Institucional	2%	45%	47%	7%
Empresarial	1%	52%	45%	2%
Oficial	2%	55%	40%	2%
Popular	4%	55%	38%	3%

Nota: Respostas dos jornalistas

O grau de confiança não está atrelado à verdade ou mentira. A fonte coopera com a mídia para ser aceita socialmente e o jornalista é cético por natureza e técnica.

A jornalista Marta Sfredo, do jornal *Zero Hora*, alerta que a confiabilidade não pode ser medida só pelo tipo, "mas pelo cruzamento de fonte e assunto. Um empresário falando sobre os negócios de sua empresa é muito confiável", mas ao comentar sobre os impactos das políticas públicas nos seus negócios, por ser a parte interessada, a confiabilidade torna-se relativa.

Jornalismo das fontes

O jornalismo é hoje uma profissão de passagem.
Bernardo Kucinski

Observa-se que o jornalismo não mais se restringe às redações da mídia tradicional. Assume uma nova dimensão, sendo também produzido por organizações não midiáticas e inclusive pelo público, atenuando a distinção entre o jornalista sagrado como mediador e seu novo papel, como articulador das informações.

Com a profissionalização da comunicação a serviço das fontes presume-se a disseminação de informação jornalística tendo em vista os critérios éticos, estéticos e técnicos qualificados, para que seus conteúdos sejam legítimos e credíveis, produzidos por jornalistas.

Assessoria de imprensa

No início do século XX, a concentração de riqueza e o monopólio das grandes corporações dos EUA provocavam manifestações populares e críticas de jornalistas famosos como Mark Twain, bem como dos investigadores de escândalos (*muckrakers*).

Eram, principalmente, contra magnatas como John D. Rockfeller Jr. (mineração), John P. Morgan (banco) e William H. Vanderbilt (ferrovia). Pressionado, o governo americano impôs medidas para coibir os cartéis e trustes, o que exigiu das empresas e empresários explicações à opinião pública.

Na emergência do capitalismo selvagem, dominado por "barões ladrões" e "indústrias sem escrúpulos", entra em cena o jornalista Ivy Lee, vindo dos jornais *New York Times* e *The World* e da assessoria do candidato à presidência Alton Parker, derrotado por Theodore Roosevelt (mandato de 1901 a 1909).

Enquanto colabora com artigos nos jornais sobre as políticas selvagens e segregacionistas nos negócios, em 1904, Lee é contratado pelo publicitário George Parker, com quem funda a agência pioneira de comunicação e relações públicas, a Parker & Lee, com o *slogan* "precisão, autenticidade e interesse".

Lee defendia a transparência das corporações, dizendo "o público deve ser informado". E, quando a agência Parker & Lee assume a "divulgação e propaganda" da companhia ferroviária Pennsylvania Railroad, em 1906, ele cria a

"Declaração de princípios" da assessoria de imprensa, enviada em forma de carta aos editores:

> *Este não é um serviço de imprensa secreto. Todo nosso trabalho é feito às claras. Pretendemos divulgar notícias. Esta não é uma agência de propaganda. Se achar que o nosso assunto é matéria paga, não publique. Nossa matéria é exata. Informações adicionais sobre qualquer questão serão fornecidas prontamente e qualquer editor será auxiliado, com o máximo prazer, na verificação direta de qualquer declaração de fato. Em resumo, nosso plano é, com absoluta franqueza, divulgar à imprensa e ao público dos Estados Unidos, informações rápidas e precisas sobre assuntos de valor e interesse para o público, para o bem das empresas e das instituições públicas.*

Este documento é considerado um marco da assessoria de imprensa e das relações públicas modernas, tendo Lee como seu fundador, embora alguns considerem Edward Bernays, sobrinho de Sigmund Freud. Em 1908 a agência é dissolvida e Lee continua como executivo de comunicação da ferrovia até 1914.

Naquele ano é convocado por John D. Rockefeller Jr. para atuar como consultor da Standard Oil e "melhorar a imagem da família" após uma rebelião na mina de carvão em Colorado, conhecida como "massacre de Ludlow". Lee orientou Rockefeller a cooperar livremente nas investigações e "humanizar os negócios".

Adotava a filosofia "via de mão dupla", convencendo os jornalistas a não atacar e sim publicar informações favoráveis aos grandes capitalistas, bem como aconselhava seus clientes a reciclar suas políticas empresariais e corrigir atitudes errôneas para criar uma opinião pública favorável e boa vontade da imprensa.

Nisso, Lee viu uma excelente oportunidade de negócio e criou em 1916 outra agência, em sociedade com seu irmão James Lee Jr. e o empresário de jornal, W.W. Harris, a Lee, Lee & Harris, que em 1919 se transformou em Ivy Lee & Associados, atendendo ainda a siderúrgica Bethlehem Steel e a Chrysler.

No Brasil, antes das assessorias de imprensa, as organizações públicas costumavam pagar *jetons* aos repórteres, gratificação a quem forneciam informações, como forma de cooptação, "quer pela exclusividade do acesso, quer por favores e privilégios que, de forma mais ou menos explícita, completavam seus salários" (Lage, 2001, p. 50).

Essa prática vigorou deste o Estado Novo, do presidente Getúlio Vargas, que criou em 1939, o Departamento de Imprensa e Propaganda (DIP). O aparecimento das assessorias teve uma vertente moralizadora e ética, embora no início (ainda há casos) de duplo emprego nas redações e nas repartições públicas.

A partir da década de 60 as atividades de relações públicas e assessoria de imprensa, tal qual idealizada por Lee, chegam ao Brasil atreladas às indústrias e agências de propaganda americanas. O primeiro brasileiro a atuar nesta área foi José Rolim Valença, que começou a aprender a profissão na agência J.W. Thompson.

Também nesse período, na Standard Propaganda, o escritor e jornalista Hernâni Donato, em São Paulo, e Evaldo Simas Pereira, no Rio de Janeiro, com passagem pelo *Jornal do Brasil* e *Diário de Notícias*, começaram a atuar na área, em agências de propaganda.

Em 1962, Valença criou a AAB, primeira agência de comunicação do Brasil, tendo como sócio José Carlos Fonseca Ferreira, vindo da Ford. A pioneira treinava estagiários e dela originaram agências como ADS, em 1971, de Antonio De Salvo; a Inform, de 1975, de Carlos Eduardo Mestieri e Vera Giangrande, que depois criou com Flávio Schmidt a VG&S, incorporada em 1994 à LVBA.

Em 2010 existiam no país cerca de 1.500 agências, quando obtiveram receita superior a 1,5 bilhão de reais e empregavam cerca de 15 mil jornalistas formados. Estima-se que o triplo atua em departamentos de comunicação de organizações públicas e privadas.

Na década de 70, até meados de 1980, a assessoria de imprensa era rotulada de "prostituição do jornalismo". No final dos anos 80 os sindicatos de jornalistas determinaram que as redações só podiam receber releases assinados por jornalistas e com o número do registro profissional, prática que se consolidou.

Devido ao enxugamento das redações, melhor remuneração nas assessorias de comunicação, menor estresse e menos controle, bem como ao grande número de formados em jornalismo, o mercado de trabalho nos meios de comunicação encolheu.

Então, jornalistas consagrados como Audálio Dantas, Miguel Jorge, Júnia Nogueira de Sá, Carlos Brickman, Nemércio Nogueira, Sérgio Motta Mello e Marco Antonio Sabino, além dos recém formados, começaram a migrar para a assessoria de imprensa em agências, organizações e de personalidades.

Desencadeia-se um processo estratégico de oferecer informações de qualidade e tratamento personalizado aos jornalistas na mídia. A assessoria de imprensa foi evoluindo, passando de "tática a estratégica e superou os limites essencialmente técnico e operacionais para integrar-se ao processo de tomada de decisão" (Bueno, 2009, p. 231).

Atualmente a assessoria de imprensa é um dos compostos da comunicação nas organizações, mantendo-se como o principal serviço, representando cerca de 45% da receita das agências de comunicação, segundo a Abracom.

Não se restringe somente à produção e distribuição de releases, notas, artigos e sugestões de pauta, mas agrega outros procedimentos como a elaboração de políticas de comunicação e planos de divulgação, gestão das relações das fontes com a mídia, administração de crise, manutenção de salas de imprensa on-line etc.

Também faz monitoramento de informação (clipping), associado à mensuração de resultado e à capacitação das fontes e porta-vozes (*mídia training*), podendo acrescentar outras funções, pois "passou a ser comum encontrar assessores de imprensa com ampla gama de atribuições, resultado da capacidade de reposicionar-se diante das novas exigências das organizações" (Duarte, 2010, p. 71).

A assessoria de imprensa contemporânea evolui para um processo estratégico de gerar e gerir um vínculo durável com a mídia, através de ações contínuas, estruturadas e planejadas, não somente pelo simples fornecimento de informações ou atendimento à demanda dos jornalistas, mas na construção de um mosaico que leva a entabular diálogos e à formação de opinião favorável dos diversos públicos.

Conforme Bueno (2005, p. 62), isso exige um "profissional na verdadeira acepção da palavra, até porque ... a disputa é acirrada e só sendo 'bom nisso' é que se pode triunfar na batalha da mídia". Portanto, além das ações comuns, pressupõe serviços sofisticados de comunicação.

Tanto esses propósitos como o perfil profissional são requisitos para que uma organização mantenha um bom relacionamento com diferentes veículos de comunicação, tendo acesso ao espaço editorial, onde constrói uma imagem positiva e mantem um repositório de reputação.

Assim, mesmo que a pauta não seja favorável, quem mantém uma relação transparente e constante com a mídia, consegue o seu espaço de defesa, amenizando os impactos negativos perante a opinião pública.

Estrategicamente uma assessoria de imprensa reproduz em suas atividades os principais valores e fundamentos do jornalismo, zelando permanentemente pela verdade e pela fidelidade aos fatos, além de responder com agilidade e prover os jornalistas com informações confiáveis e relevantes.

Mas, qual a visão que os assessores de imprensa têm deles? São questões que podem esclarecer sobre as contribuições ou não dos profissionais em assessoria de comunicação no atendimento às necessidades das fontes nas suas estratégias de interferência na mídia.

Consequências do trabalho de assessoria de imprensa

A assessoria de imprensa ...	Sim
É estratégica para a organização que assessora	91%

A assessoria de imprensa ...	Sim
Melhora a imagem e reputação de quem assessora	99%
Favorece que a fonte produza e forneça os fatos	91%
Contribui para o desempenho das fontes nas entrevistas	94%
Torna as fontes mais éticas e transparentes	83%
Antecipa às rotinas e práticas jornalísticas	89%
Provoca a publicação parcial ou na íntegra de releases	88%
Estimula a comodidade dos jornalistas na mídia	61%

Nota: Respostas de assessores de imprensa

O papel estratégico da comunicação, por conseguinte da assessoria de imprensa, é contribuir para a melhoria da imagem e reputação da organização. Mesmo que 99% afirmem isso, algo idealizado, não significa que ocorra, pois a comunicação na maioria das empresas está longe de ser estratégica.

Mas "a assessoria de imprensa deixou de ser uma ferramenta isolada, tática, e passou a ser uma ferramenta poderosa, estratégica, integrando-se aos esforços gerais e planejados de comunicação das organizações" (Ribeiro e Lorenzetti, 2010, p. 240).

Talvez nesse sentido, de vencer mitos e desafios, que a pesquisa mostre elevados índices de que a assessoria de imprensa seja estratégica para a organização que assessora (91%), contribua para o desempenho das fontes (94%), favoreça que elas produzam e forneçam os fatos (91%).

Com a ida dos jornalistas da mídia para a assessoria de imprensa tornou as fontes mais éticas e transparentes, como mostra a pesquisa (83%), dotando a comunicação das organização de maior e melhor conteúdo, de transparência, de uma nova ética e de visão crítica.

No entanto, o profissional com formação em jornalismo vem perdendo espaço na comunicação das empresas, à medida que o setor se torna estratégico, requerendo um gestor e não apenas de quem detém a técnica, como mostra a pesquisa da Databerje (2009).

Essa situação vem provocando um efeito colateral na mídia, quando se antecipa às rotinas e práticas jornalísticas, para 89% dos entrevistados. Assim, promove-se a comodidade dos jornalistas (61%), que publicam parcialmente ou na íntegra os releases (88%).

O jornalista Norberto Staviski, ex-correspondente da *Exame* e *Gazeta Mercantil*, credita esse fenômeno também à falta de investimentos nas redações, por isso "praticamente inexiste uma iniciativa do próprio veículo para produzir uma matéria, tudo o que é publicado vem de releases de assessorias, mesmo as matérias exclusivas".

Ele considera a atual cobertura jornalística burocrática e os jornais, por exemplo, "muito semelhantes. Você lê um e parece que leu todos". Percebe-se que não há mais a cultura de ouvir fontes antagônicas para confrontar os discursos.

Jornalistas x assessores

Entre as fontes, e por conseguinte assessores de imprensa e jornalistas se estabelece uma relação de amor e ódio. Pois os interesses que movem um lado e outro não são idênticos. Há uma disputa velada entre os "dois lados do balcão", principalmente dos assessores que evitam conflitos ostensivos em público. A nossa pesquisa revela alguns desses pontos do embate.

A visão dos assessores sobre os jornalistas

Os jornalistas ...	Nunca	Às vezes	Sempre
Atropelam alguns limites	3%	92%	5%
Sobrepõem os direitos das fontes	12%	84%	4%
Ouvem fontes antagônicas	5%	70%	26%
São arrogantes	12%	78%	10%
Agem como promotores, juízes	23%	68%	9%
Buscam informações a qualquer preço	13%	66%	22%
Publicam versões imprevisíveis	13%	78%	8%

Nota: Respostas de assessores de imprensa

As queixas das fontes em relação aos jornalistas têm ressonância na percepção dos assessores de imprensa. Basta comparar a questão, "agem como promotores e juízes". O percentual foi praticamente o mesmo, 65% (sim) e 68% (às vezes), respectivamente.

Embora não haja julgamentos extremos, os assessores reconhecem que, "às vezes", os jornalistas atropelam os limites, suplantam as condições das fontes, são arrogantes e noticiam versões imprevisíveis.

Duas questões merecem uma análise mais apurada, de que os jornalistas ouvem fontes antagônicas, 70% "às vezes" e 26% "sempre" e, buscam informações a qualquer preço, 66% e 22%, respectivamente.

Ora, se o propósito de uma assessoria é fornecer a notícia pronta, evitando que o repórter ouça outras fontes, sem precisar buscar as notícias, pode-se avaliar este resultado como uma temeridade das assessorias, enquanto esses procedimentos são princípios básicos do jornalismo.

A pesquisa realizada pelo portal *Comunique-se*, no período de 2003 a 2006, serviu como referencial para algumas questões diretamente ligadas às estratégias das assessorias. Embora avessos às assessorias, os jornalistas geralmente dependem dos assessores no seu trabalho e apontam alguns equívocos.

A visão dos jornalistas sobre os assessores

Os assessores de imprensa ...	Nunca	Às vezes	Sempre
Colaboram com meu trabalho	2%	72%	26%
Enviam releases desnecessários	2%	65%	33%
Viabilizam as entrevistas	2%	76%	22%
Dominam o assunto em pauta	9%	86%	5%
Querem vender o "peixe" do assessorado	1%	57%	42%
Ligam em dia e/ou horário inadequado	5%	84%	11%

Nota: Respostas de jornalistas

Os assessores são considerados parceiros autênticos dos jornalistas, mesmo que estejam comprometidos com seus assessorados. Ainda que se repute uma incompatibilidade nisso, os profissionais nas redações indicam que os colegas assessores colaboram com seu trabalho, "às vezes" (72%) e "sempre" (26%).

Também reconhecem-se, a exemplo de Acari Amorim, diretor da revista *Empreendedor*, que as assessorias contam com bons profissionais, "experientes, que sabem o que é ético", como avaliar a divulgação de um fato e a forma: "não esconder nada, dar a mais completa informação, sempre".

Mesmo que não concebam o release por e-mail um spam, reclamam das assessorias pelo envio de muito material inútil, remetido sem critério nem filtro, e quando recebem ligações no horário de fechamento (*deadline*).

Mas também reconhecem as competências dos assessores que agem como parceiros, quando viabilizam o contato e as entrevistas com as fontes, sendo ágeis nas respostas, e principalmente quando dominam o assunto em pauta.

Mas nem sempre ocorre o domínio da pauta, pois aqui aparece o maior índice de "nunca", 9% e o menor de "sempre", 5%. Isso indica que, em certos casos, os assessores enviam textos para a mídia sobre assuntos dos quais não entendem.

Outro equívoco dos assessores, apontado pelos jornalistas, é pedir aquela "forcinha" para publicar o release por ser "muito importante" e, o pior, sob o argumento de que "se não sair a notícia perco o cliente ou o emprego" e outras chantagens usadas para vender o "peixe" do cliente, principalmente quando não é "peixe fresco".

Obviamente, o assessor defende os interesses da fonte, e recebe por isso, mas certamente há estratégias mais eficientes.

Mídia training

Para melhor interagir com a mídia, executivos, políticos e celebridades, principalmente, cada vez mais participam de um treinamento, denominado de *mídia training*, com o propósito de criar e manter uma interface positiva com os jornalistas.

Segundo Nemércio Nogueira (1999, p. 42), as fontes consideram que "os jornalistas reúnem hoje em suas mãos os papéis de promotor, júri e carrasco", por isso se previnem contra o jornalismo investigativo, a síndrome das más notícias, o despreparo dos repórteres, a proliferação e a globalização de novas mídias.

Aliás, as empresas que promovem os *mídia trainings* se valem desse discurso para convencer as organizações da sua realização, como justifica Nogueira (2007, p. 15):

> *Ao negligenciar essa necessidade de interação, a empresa não só se arrisca a perder visibilidade para a concorrência, como também deixa ao sabor dos veículos a versão dos fatos que constituem notícias, à revelia do seu interesse imediato em divulgá-los (para se promover) e explicá-los (para se defender).*

Diante do dilema de serem atazanadas ou interferir na imprensa, sendo, hoje, foco de uma matéria positiva e, amanhã, envolvidas em uma crise, as fontes procuram nos *mídia trainings* uma forma de se preparar para um relacionamento produtivo e de resultado, utilizando a mídia para disseminar informações, legitimar seus discursos, dialogar com seus públicos.

Tanto quanto as fontes oficiais, também as empresariais e institucionais representam uma organização ou grupo social e não a si próprias, por isso essa capacitação ganha importância, por uma questão de segurança corporativa.

Nesse treinamento, as fontes e porta-vozes conhecem a estrutura, característica e a dinâmica de cada tipo de veículo de comunicação; as principais expectativas dos jornalistas, como agem e o que buscam; além de dicas práticas de relacionamento, postura e desempenho nas entrevistas.

Essa capacitação visa construir e manter um bom relacionamento com a mídia e projetar uma boa imagem institucional, levando as fontes perceberem que a divulgação é relevante para as organizações e não tem o objetivo direto e imediato de promover produtos e serviços (função da propaganda), embora ajude.

Enfim, tem a função de contribuir para que a organização busque credibilidade na esfera pública, ajudando assim, a construir a admirabilidade da marca ou da instituição, pela sua influência sobre a opinião pública, enquanto para o jornalismo o que importa é a noticiabilidade.

A capacitação profissional das fontes também beneficia o jornalismo. Disposta a verificar esse ponto de vista, Janete Oliveira (2007) inquiriu vinte jornalistas de São Paulo e Rio de Janeiro. A sondagem aponta que 60% aprovam a preparação das fontes, enquanto 65% acreditam que reduz a espontaneidade nas respostas e 70% percebem que o número de fontes treinadas vem aumentando.

Para 60% dos jornalistas a principal competência da fonte está na clareza e objetividade, seguido de outros fatores: disponibilidade de dados, precisão das informações e conhecimento do assunto da entrevista, embora reclamem da insegurança e do medo em conceder entrevistas, escondendo-se atrás dos releases.

Nossa pesquisa mostra que as fontes buscam capacitação para tirar o máximo de proveito das entrevistas e das suas relações com os jornalistas, bem como a importância deste treinamento.

Cresce o número de fontes e porta-vozes que já participaram deste treinamento (22%), sendo que a grande maioria participaria pela primeira vez ou novamente (90%), pois acredita que isso melhorou ou aperfeiçoaria seu desempenho nas entrevistas (96%). Poucos acham que o *mídia training* é utilizado somente nas crises (8%).

O caso da rede de hotéis Blue Tree ilustra bem essa estratégia. A partir de uma "política de fontes", que incluiu um *mídia training* aos gerentes e assessorias de imprensa regionais, "a rede ampliou em mais de 30% sua participação na mídia e, o mais importante, tornou-se uma fonte respeitada e disponível para diferentes editorias" (Maia, 2010, p. 28).

A fonte escreve a notícia

O principal instrumento das fontes nas relações com a mídia ainda continua sendo o release, que no início não passava de propaganda disfarçada, pois chegava às redações via departamento comercial dos jornais e atendia às vaidades dos anunciantes.

Esse modelo prevaleceu durante os 20 anos do regime autoritário de governo no Brasil, a partir de 1964. Nessa época há uma proliferação de assessorias governamentais e "a busca da informação começa a inverter-se, ou seja, ao invés do repórter ir diretamente à fonte, as fontes, representadas pelos inúmeros *press releases* de assessorias, passaram a inundar as redações" (Lima, 1985, p. 45).

Nos EUA e Europa o release apresenta-se como um complemento de informações, um roteiro sem os atributos de um texto jornalístico e distribuído durante as entrevistas para facilitar o trabalho dos repórteres.

No Brasil, principalmente a partir de meados da década de 80, ele é redigido com todos os requintes de uma notícia, pronto para publicar, cabendo ao jornalista, eventualmente, checar as fontes, investigar o fato, utilizando o texto fornecido como pauta ou publicar na íntegra ou editado.

Vale lembra o caso do governador do Paraná, Ney Braga, que propôs acabar com os releases, em 1982, o que provocou uma revolta na imprensa local, obrigando-o a reverter a decisão.

Portanto, para Duarte (2010, p. 309) "mesmo sendo um instrumento de comunicação unidirecional, oficial, formal, vulgar", é de grande valia aos veículos de pequeno e médio porte que não dispõem de estrutura para a produção do noticiário.

O meio de comunicação não informa ao público a origem (release) nem a autoria (assessor), embora o "jornalista" possa assinar a matéria que não produziu. Ao publicar o release, o veículo assume e avaliza as suas informações. Em geral, a grande imprensa e a televisão consideram este material como uma sugestão de pauta.

Com a profissionalização da comunicação nas organizações minimizaram algumas práticas nefastas na publicação de informações sobre empresas, produtos e serviços: pressão das agências de propaganda, conchavos e suborno de jornalistas, telefonemas à direção dos veículos e outras imposições comerciais.

O release provocou a redução do jornalismo investigativo e uma acomodação nas redações, pois o jornalista não vai às fontes, quando fornecem conteúdos jornalísticos prontos.

Essa comodidade cria armadilhas aos jornalistas, às vezes hilárias, como o caso da cilada que induziu a grande imprensa brasileira a acreditar na teoria do "abraço corporativo", em que um personagem, o ator Leonardo Camillo, interpreta o consultor de recursos humanos, Ary Itnem Whitaker.

Com o suporte de uma eficiente assessoria de imprensa da fictícia "Confraria Britânica do Abraço Corporativo", a pauta engabelou experientes jornalistas, revelando a fragilidade da apuração jornalística, o que resultou em filme documentário homônimo, escrito e dirigido pelo jornalista Ricardo Kauffman.

Jornalistas x relações públicas

A maioria dos profissionais que atua em assessoria de imprensa no Brasil é graduada em jornalismo. Isso vem provocando batalhas entre as entidades de relações públicas (RP) e de jornalistas.

A luta "fratricida" por espaços profissionais se arrasta desde os idos de 1968 e 1969, datas das regulamentações das duas profissões, respectivamente. Iniciou-se ali uma discussão estéril, com pouca negociação, pelas tarefas específicas.

O ensino superior fragmentou o curso de Comunicação Social em habilitações (Jornalismo, Relações Públicas, Publicidade e Propaganda) e isso provocou culturas profissionais "tanto na forma de se vestir, de se expressar... jornalistas e relações públicas são, geneticamente, diferentes" (Bueno, 2005, p. 120).

O Conselho Federal de Relações Públicas (Conferp) e suas regionais, com poder fiscalizador, atacam com multas, brandindo a lei. A Federação Nacional dos Jornalistas (Fenaj) contra-ataca com a reserva de mercado nas assessorias de imprensa e publicações, tentando impor a sua lei, com várias manobras.

A vinculação profissional dos jornalistas à comunicação decorre, conforme Nassar (2008, p. 81), de "acordo firmado, em 1983, entre Vera Giangrande, que presidia o Conselho Nacional de Profissionais de Relações Públicas (Conrerp), e Audálio Dantas, na época presidente da Federação Nacional dos Jornalistas (Fenaj", pelo qual "a área de relações públicas aceitava ceder aos jornalistas a reserva de mercado da assessoria de imprensa" (Chaparro, 2011, p. 16).

Como resultado desse acordo, em 1986, a Fenaj, tendo na presidência Audálio Dantas, editou o *Manual de assessoria de imprensa*, demarcando os divisores e limites de competência entre as atribuições de jornalistas, relações públicas e publicitários, com a anuência da presidente da Conferp na época, Vera Giangrande.

Depois, em 2004, a Fenaj teve o seu intento frustrado com a não aprovação do Conselho Federal de Jornalismo, que tornariam privativas 25 funções jornalísticas, entre elas a de assessor de imprensa.

Do lado dos relações públicas, desde a aprovação da regulamentação da profissão, em 1968, as entidades fecharam-se em si, raramente admitindo o diálogo com outras áreas da comunicação.

O conflito acirrou-se em 2002, quando o Conferp (2009) baixou uma resolução normativa delimitando as "fronteiras corporativas" de funções e atividades privativas dos RPs. O emaranhado de resoluções e "portarias normativas" não foram capazes de resolver o conflito, ao contrário, agravaram.

Margarida Kunsch (2004, p. 15) defende que "só conceitos, técnicas e teorias do jornalismo e mesmo de assessoria de imprensa, não dão conta dessa perspectiva mais global da comunicação organizacional", lembrando que os "jornalistas têm atuado em funções típicas de relações públicas, sem que tenham uma formação adequada para tanto".

Por outro lado, ainda que legalizada, a profissão de relações públicas carece de legitimidade, pois está associada à tarefa de apenas organizar eventos e cuidar do cerimonial.

Mas, a pesquisa da Databerje (2009) mostra que o RP vem reconquistando o seu espaço, pela habilidade em planejar e estruturar a comunicação de uma organização, contemplando os seus vários públicos.

Na prática, relações públicas e jornalistas vinculados profissionalmente à comunicação atuam em campos e saberes reciprocamente solidários. Não há uma aproximação mágica, mas sim uma atuação na diversidade interdisciplinar, contemplando o melhor de cada um.

É da soma e conjugação de conhecimentos e experiências destas profissões que se vale a comunicação, pois o mercado não está preocupado com essa rixa corporativista, confirma Wilson Bueno (2005).

Assessor de imprensa é jornalista?

Outra pendenga no mercado de comunicação é definir se o profissional formado em jornalismo e que atua na assessoria de imprensa é ou não jornalista. Frequentemente esse tema polêmico suscita discussões. Uma corrente entende que jornalista é quem trabalha nas redações da mídia tradicional.

Ricardo Noblat (2003) provocou em um artigo: "O que é, o que é? Formado em jornalismo, vive entre jornalistas, entrevista pessoas, apura, escreve e publica notícias, mas não é jornalista? É assessor de imprensa" e não tem autonomia para exercer um jornalismo "livre, crítico e, se necessário, impiedoso".

Além de polêmicas, essas questões geram contestações e inquirições: será que o jornalista na redação tem autonomia? É Livre? O dia a dia de quem atua no jornalismo é cercado de ambiguidades e ideologias.

Geralmente o jornalista age conforme as determinações da organização (política editorial, manuais de redação, normas deontológicas etc.). Será que todo jornalista é ou precisa ser crítico e impiedoso? Em não sendo, deixa de ser jornalista, mesmo atuando em redações?

Quem acompanha Noblat argumenta que é da natureza do jornalismo ser investigativo e produzir notícias, geralmente, para o público consumidor de veículos comerciais. Mas, em todo o mundo, o jornalismo é uma profissão aberta e seus contornos são imprecisos.

O Tribunal Superior do Trabalho também foi envolvido nesse impasse, dizendo em 1998, que "assessor de imprensa não exerce atividades típicas de jornalismo", e noutros momentos, com base na Lei nº 972/1969, de regulamentação da profissão, reconhecendo o assessor como jornalista, pois faz "coleta de notícias ou informações e seu preparo para a divulgação".

Os defensores do assessor de imprensa jornalista, apegam-se ao argumento de que os processos e procedimentos são praticamente os mesmos, embora atue como um articulador, em vez de mediador.

Os campos da comunicação e do jornalismo se confundem, uma vez que o diploma obtido nas faculdades de comunicação, habilitação em jornalismo, é registrado no Ministério do Trabalho, levando os diplomados a se autodefinirem "jornalistas", independentemente da função que exerçam.

Essa discussão fica empobrecida quando se despreza a contemporaneidade complexa do jornalismo, estabelecendo limites corporativistas. Pois, para o mercado essa controvérsia faz pouco sentido.

Aliás, esse é um fenômeno brasileiro, onde a maioria dos jornalistas formados atua de um lado e de outro do "balcão". Nos EUA e na Europa, a assessoria de imprensa é entendida como uma atividade essencialmente de relações públicas, embora também exercida cada vez mais por jornalistas.

Em Portugal, por exemplo, o jornalista enquanto atua em assessoria de imprensa, suspende o seu registro, podendo, a qualquer momento, recuperar a credencial se retornar às redações.

Mas no Brasil, conforme a nossa pesquisa, para 83% dos assessores, o profissional formado em jornalismo e que atua em assessoria de imprensa é "jornalista" e defendem inclusive a regulamentação da profissão de assessor (75%), como quer a Fenaj.

Ao contrário da maioria dos relações públicas, que entende a atividade como uma ferramenta de comunicação e não uma profissão; enquanto 45% consideram ser uma atribuição exclusiva dos jornalistas e não uma função típica dos RPs (82%).

A visão dos assessores

Assessoria de imprensa	Sim
Assessor de imprensa é jornalista	83%
AI é atribuição exclusiva de jornalista	45%
AI é uma função típica de relações públicas	18%
A profissão de AI deveria ser regulamentada	75%

Nota: Respostas de assessores de imprensa
Legenda: AI (assessoria de imprensa)

As fontes na mídia

Na mídia, as fontes são ajustadas por editorias: política (oficial), economia (oficial, empresarial), cultura (notável), ciência (especialista), polícia (oficial, popular) etc.

Políticos

A política está atrelada à história do jornalismo em todo o mundo. No Brasil, o *Correio Braziliense*, editado em Londres por Hipólito da Costa, marcou o surgimento do jornalismo político nacional, em 1808, estimulando o surgimento de dezenas de jornais.

Sem partidos políticos, no período imperial as fontes políticas mediam forças na imprensa, notadamente entre os grupos liberais radicais, moderados e conservadores.

Com o advento da República, estabeleceu-se a política dos governadores e das oligarquias, exigindo que a imprensa "tomasse partido", sendo oposição ou servil ao poder.

O período de 1922 até o fim da Segunda Guerra Mundial foi marcado pela censura à imprensa. O Estado Novo instaurou o modelo de releases "prontos para publicar", com a contratação de jornalistas em regime duplo emprego, a serviço das fontes oficiais e da imprensa.

De 1945 até o golpe militar em 1964, o jornalismo político viveu uma fase áurea, sob forte influência americana. O linguajar popular ampliou o leque de fontes, envolvendo o legislativo e judiciário, além do executivo.

Mas o regime militar impôs vinte anos de chumbo, onde as fontes oficiais emitiam "comunicados à imprensa" e os opositores eram submetidos à censura prévia.

Com a redemocratização, as fontes trataram de profissionalizar as suas áreas de comunicação com a contratação de jornalistas com passagem pela mídia, consolidando uma prática intensiva de assessoria de imprensa.

As fontes oficiais são as preferidas dos jornalistas, pois suas ações e estratégias têm impacto direto no interesse público, pela sua capacidade e poder de influência, acesso facilitado e sistemático às pautas da mídia.

Os políticos são "definidores primários" por excelência, pelo poder e privilégio que desfrutam, sendo capazes de emitir opiniões importantes a respeito de assuntos controversos.

Pois, é função de quem exerce um cargo público lidar com a mídia. Aliás, uma exigência democrática. Nesse cenário antagônico, jornalistas e fontes travam um embate pelo interesse da informação em informar a sociedade.

Constituídas basicamente por políticos e as autoridades, as fontes oficiais estão em todos os níveis (nacional, estadual e municipal) e poderes (executivo, legislativo e judiciário). Suas relações com a mídia decorrem, e muito, do regime de governo.

Populares

Na mídia, a pessoa comum aparece, notadamente, como "vítima, cidadão reivindicador ou testemunha", conforme descrita no capítulo *Classificação das fontes*. Ela é utilizada principalmente no jornalismo popular, rotulado de "sensacionalista".

Este gênero existe desde os primórdios da imprensa. Mas foi no final do século XIX que o jornalismo popular se consolida – enfatizando o cotidiano do povo, crimes, entretenimento e os dramas pessoais –, com o surgimento da *penny press* (jornais vendidos a um *penny*: um centavo) e da "imprensa marrom" (lá, *yellow press*) nos EUA, dos *canards* (*pato*, "notícia falsa, pasquim") na França e dos tabloides na Inglaterra.

No Brasil, o jornalismo popular tem seu marco inicial com os folhetins, a partir de 1840, inspirado nas publicações francesas *La Presse* e *Le Siècle*, de 1836, e firmou-se com os jornais e programas populares (TV e rádio), a partir de meados do século XX.

Para Márcia Amaral (2006, p. 125), como testemunha, esse tipo de fonte contribui para "autenticar o acontecimento ou gerar sensação". Ou seja, o jornalismo apropria-se da fala popular nem sempre para explicar o ocorrido, mas ampliar os fatos e empatia ou suposta expectativa do público.

Na condição de cidadão e consumidor, essa fonte reivindica os seus direitos e utiliza a mídia para intermediar a solução de seus problemas com os poderes público e econômico. Enquanto vítima, expõe a sua desgraça, infortúnio e sacrifícios pessoais, quando prejudicada pela violência, tragédia, injustiça ou logro. Busca na mídia, a comoção social.

Ao dar voz ao povo, o jornalismo usa como fonte: o cidadão, eleitor, contribuinte, consumidor, morador, inquilino, passageiro, pedestre, paciente, torcedor, espectador, ouvinte, leitor, usuário, aluno, empregado, operário, criminoso, sonegador, vítima e por aí vai.

Empresas

As empresas transitam na esfera pública, de onde influenciam a sociedade e são vigiadas por ela, ou seja, há uma dimensão pública inerente à prestação de contas, ampliada pelos conceitos de transparência e governança corporativa.

Isso demanda informações e interesse do público por assuntos de gestão e negócios, estimulados pelo cenário onde predominam assuntos econômicos, o mercado de capitais e seus investidores, bem como a profissionalização e competição das empresas.

No Brasil, a divulgação de empresas na imprensa inicia nos anos 60 com as indústrias estrangeiras, automobilística e de higiene, por meio das agências de propaganda que encaminhavam textos para as redações, via departamentos comerciais.

Mas antes, em 1953, a Esso montou uma área de relações públicas e imprensa, em parte para amenizar os efeitos da campanha *O petróleo é nosso* e a consequente criação da Petrobras, mas também para aplicar o que já fazia nos Estados Unidos, a exemplo do noticiário *Repórter Esso*, no rádio (1941-1968) e televisão (1952-1970).

A Volkswagen é apontada como outra pioneira a contar com uma estrutura para o atendimento à imprensa, montada em 1961 pelo jornalista Alaor Gomes, vindo da TV Record e da agência de propaganda Almap e, trazendo consigo, Reginaldo Fionotti, do jornal *Última Hora*.

Apesar da resistência da imprensa em citar marcas e nomes de empresas, a Volks enfatizava o transporte e a nascente indústria brasileira de automóveis, o que "rendia fotos, pautas curiosas e gerava dados estatísticos que caíram no gosto da imprensa" (Duarte, 2010, p. 57).

Nesses primórdios, as fontes passaram a criar fatos e começam a interferir na imprensa. Em meados da década de 60, Antonio De Salvo começou a visitar as redações de jornais, "ele fazia o trabalho ingrato de convencer os editores a dar notícias a respeito das atividades e produtos" das empresas que atendia pela agência de comunicação pioneira, a AAB (Amaral, 2000).

Com a redemocratização do Brasil, a partir de 1985, e o advento do código de defesa do consumidor, em 1990, as empresas intensificaram sua presença na mídia, criando estruturas de comunicação.

Assim, passaram a transitar pelas editorias e colunas de economia e negócios, principalmente de jornais e revistas, como fontes importantes e cobertura favorável, notadamente sobre suas atividades, investimentos e resultados, bem como por suas ações mercadológicas e sociais.

Especialistas

A presença dos especialistas no jornalismo remota ao surgimento da imprensa no século XVII, quando começa uma "intensa circulação de cartas expedidas por cientistas sobre suas ideias e novas descobertas", aponta Fabíola Oliveira (2005, p. 18).

Nessa época deu-se, inclusive, o início do jornalismo científico pelas mãos do alemão Henry Oldenburg, em 1665, com a criação do periódico inglês *Philosophical Transactions*. No Brasil, José Reis é considerado o pioneiro e patrono do jornalismo científico nacional, pela produção de artigos na *Folha de S.*

Paulo, desde 1947.

Além dos cientistas, são fontes especializadas os peritos, consultores, intelectuais, profissionais especializados, bem como organizações, grupos sociais ou quem se ocupa de um conhecimento específico. Estas fontes tendem à prolixidade, empregando termos técnicos e jargões. Igualmente agem política e estrategicamente.

A autora identifica quatro tipos marcantes de fonte especializada. O primeiro, recusa entrevista por achar que o jornalista não tem competência para abordar o assunto de sua especialidade. O segundo, fala impondo restrições. O terceiro, "quer aparecer a qualquer custo". E o quarto tipo, atende a mídia, explica, analisa ou contextualiza o fato, ciente dos processos jornalísticos.

Pela posição de neutralidade diante dos fatos, independência ou vínculo a uma instituição conceituada, essa fonte apresenta-se como fidedigna e avaliza o conteúdo jornalístico. Mas também se engana e engabela o repórter, quando diante de uma sumidade receia questionar o que parece simples ou se esquiva de outras versões.

O deslumbramento cria armadilhas aos jornalistas, às vezes hilárias, como o caso do "boimate", publicado pela revista *Veja* (1983), sobre a experiência de dois biólogos alemães, de Hamburgo, na fusão das células de boi com as de tomate, na produção do "boimate", merecendo comentário de Ricardo Brentane, engenheiro genético da USP. Era uma brincadeira do Dia da Mentira da revista britânica *New Scientist*.

Artistas e notáveis

Com a profusão de revistas e jornais, o jornalismo cultural torna-se mais informativo e um gênero, perdendo um pouco da sua influência. Na era digital, artistas e intelectuais, na posição de fontes, bombardeiam dados e informações em busca de destaque no jornalismo, que se limita em repercutir um provável sucesso.

Existem preconceitos de que jornalistas de variedades "não gostam de notícia", confundem afinidades pessoais com avaliações artísticas, generalizam e julgam pessoas em vez da obra.

A par disso, esse tipo de fonte, age equivocadamente para evitar críticas negativas, desqualificando o veículo ou o jornalista, "pedindo a sua cabeça" ou oferecendo o famoso "jabá".

Aliás, essa expressão advém do pagamento "por fora" feito por gravadoras para executar as músicas de seus artistas nas emissoras de rádio ou televisão. Prática antiética e considerada ilícita.

É comum essas fontes fornecerem aos jornalistas culturais: livros, CDs, ingressos (cinema, teatro, concerto, show) e outros "presentinhos", esperando a contrapartida de uma matéria generosa ou crítica favorável.

Algumas fontes extrapolam o senso comum, como foi o caso do tocador de música iPod, em 2005, na época um objeto de desejo, distribuído para trinta jornalistas, pela gravadora de Maria Rita no lançamento do seu CD *Segundo*. Por isso, a cantora foi acusada de ser a rainha do jabá.

Imagem e reputação

As fontes aprimoraram suas estratégias. Contam com o assédio dos divulgadores, ávidos por "emplacar" suas pautas e buscar ações mais longevas no relacionamento com a mídia, atendendo às expectativas da imprensa em contar com fontes confiáveis, capazes de suprir suas necessidades.

Em contrapartida estabelecem um vínculo aos seus temas, para reforçar a imagem institucional e criar condições favoráveis para seu nome, marca, produtos e serviços, construindo paulatinamente a sua credibilidade.

Estrategicamente, as fontes desenvolvem uma ação contínua, estruturada e planejada, visando o fornecimento unilateral de informações, na crença de que a mídia contribui para a formação de opinião dos públicos da organização.

Afinal, a volatilidade da opinião pública, em parte, está relacionada ao que a mídia veicula, favorável ou contrária, podendo levar uma organização à perda ou ganho de credibilidade. Por isso, as fontes entabulam diálogos e relações que incluem a mídia, desenvolvendo uma gestão de identidade, imagem e reputação.

Esses conceitos "sofrem de um processo de esvaziamento, certamente porque, utilizados às escâncaras, em qualquer situação e mesmo como sinônimos, acabam não significando coisa alguma". Por isso, carecem de um refinamento de suas definições em relação à mídia (Bueno, 2009, p. 199).

Conforme o autor, uma organização ou uma personalidade reflete imagens, que "são percepções que estão na cabeça dos públicos ou das pessoas individualmente, formadas pelo contato direto ou indireto com ela", ou seja, da organização como um todo, sustentada por diferentes segmentos de públicos.

Enfim, "a formação da imagem é um processo subjetivo, único, relacionado à experiência individual e, ao mesmo tempo, somatório de sensações, percepções e inter-relações de atores sociais" (Almeida, 2009, p. 228).

Preocupadas com essas percepções vacilantes, as fontes utilizam o espaço editorial da mídia, por ser polifônico, para manter uma imagem limpa e positiva, que a propaganda, por ser unilateral, não sustenta.

A imagem, opinião recente do público, difere da reputação por ser formada ao longo dos anos, tendo por base as ações e os comportamentos de uma organização. Trata-se de um crédito de confiança adquirido, associado ao bom nome, credibilidade e reconhecimento.

Por isso, uma organização que desfruta de uma boa reputação, além de gerar notícias favoráveis, em momento de crise, se bem administrada, tem menor impacto na mídia e consequentemente no público.

A maioria das organizações tem imagens, "mas poucas chegam a ter uma reputação, porque esta é resultado de um processo mais demorado de interação. A gente pode dizer que a imagem é algo que se sente na pele e a reputação como algo que se sente na alma" (Bueno, 2009, p. 200).

Porém, as organizações empenham-se, equivocadamente, em formar uma identidade: como querem ser vistas, percebidas, ou seja, os atributos que as distinguem uma das outras.

Usam a mídia para firmar uma identidade idealizada, buscando ser o que realmente não são. Por exemplo, uma indústria tabagista proclamar-se socialmente responsável. Então, chama-se a ética para tratar dessa dissociação.

A ética de lado a lado

Os objetivos das fontes de notícias e dos jornalistas não são exatamente os mesmos, embora um dependa do outro. Tanto um, quanto o outro lado, têm interesses próprios. Assim, a confrontação da ética das fontes com a deontologia dos jornalistas são suficientemente complexos para justificar uma reflexão.

A ética deriva da moral, concebida como o caráter obrigatório da norma, e define-se como "a aplicação pessoal de um conjunto de valores livremente eleitos pelo indivíduo, em função de uma finalidade por ele mesmo estabelecida e que acredita ser boa" (Cornu, 1998, p. 8).

Na definição da maioria dos autores, a ética (do grego, *ethos*) refere-se ao que é bom, à hierarquia de valores e à racionalidade. Enquanto a deontologia, segundo o autor, "interpreta-se como o conjunto de regras da aplicação de uma ética que lhe é própria, aplicada a um grupo, a uma profissão, no caso da mídia e os jornalistas".

Embora haja abordagens conflitantes entre esses três conceitos, pode-se distinguir a "moral", como as regras de conduta social e obediências às normas; a "deontologia", aos valores e deveres de uma profissão e a "ética", como os princípios ideais da conduta humana.

Conforme Daniel Cornu (1999), no jornalismo prevalecem: a "ética descritiva", das práticas da informação; a "ética normativa", que dita deveres e direitos; a "ética reflexiva" (metaética), sobre a legitimidade das normas e práticas; acrescida da "estratégia da ética", representada pela autorregulamentação, para amenizar os rigores da lei.

Aliás, a ética tem maior alcance que a legislação, que procura evitar condutas desviadas, enquanto a ética busca transmitir segurança ao público, protegendo os jornalistas e os meios de comunicação das interferências externas.

Interesses público e particular

Há uma suposta oposição entre interesses público e particular. Recai sobre as fontes a imputação de que fazem publicidade através de discursos particulares, travestidos de interesse público. Está aí, uma das contradições da informação jornalística.

O interesse pela notícia é público e o interesse público é o que a opinião pública diz que é. Nesse sentido, "servir ao interesse público significa oferecer à esfera civil a possibilidade de se ver representada e satisfeita nos procedimentos regulares da esfera política" (Gomes, 2009, p. 79).

Talvez, por isso, seu conceito - algo coletivo de relevância pública - seja vago e deslocado para a coisa pública. Daí torna-se difícil para o jornalismo adequar as razões da notícia ao entendimento do interesse público, e vice-versa.

Na dúvida, a mídia opta pelo interesse do seu público, isto é, destacar o que interessa à maioria das pessoas do universo daquele meio de comunicação. Assim, o "interesse público" tem valor próprio, o mesmo não pode ser dito do "interesse do público" (audiência).

Jornalistas e fontes apropriam-se dessa ambivalência ao que melhor lhes convier. Então, nessa ambiguidade semântica, o que os diferenciam, e às vezes conflita, é a forma de trabalhar a informação.

Neste processo, segundo Chaparro (2010, p. 20) "de um lado estão os jornalistas e seu obrigatório vínculo ao interesse público; do outro, as organizações, em ações determinadas pela prioridade do interesse particular"

Isso gera conflito, quando "o acontecimento vem num pacote de fatos ou declarações, a título de interesse público, embalado numa retórica eficaz e, do ponto de vista ético, subsumido em certo cinismo" (Karam, 2004, p. 50).

Também representa um falso conflito, "porque não se deve cair na simplificação de ver no interesse público o valor que se opõe ao interesse particular. Essa seria a lógica moralista, como se de um lado estivesse o bem, e do outro, o mal" (Chaparro, 2010, p. 20).

Este autor defende que o jornalista não deve temer nem desprezar o interesse privado, pois são legítimos e representam os conflitos da atualidade. Aliás, o que se opõe a um interesse particular é outro interesse particular.

Para Chaparro (2009), é certo que "sem os discursos e ações dos interesses particulares em conflito, o jornalismo não teria o que noticiar". Além disso, muitas das notícias vertem dos discursos conflitantes e ações dos interesses privados.

Mas, os valores e princípios do jornalismo - verdade, honestidade, correção, lealdade, respeito, equilíbrio, justeza, imparcialidade - orientam a ética jornalística, mesmo lá onde não fizer sentido nem tiver cabimento" (Gomes, 2009, p. 87).

As responsabilidades

A quem o jornalista presta contas? Primordialmente à empresa jornalística que atua, mas também às fontes, ao seu público, à opinião pública, às normas deontológicas, às suas convicções e à sociedade como um todo.

A essa rede de responsabilidades sobrepõe-se a liberdade de informar, "para que o direito do público de conhecer os fatos e as opiniões sejam a realidade; por isso, a independência dos jornalistas e a dignidade conferida a sua profissão, devem ser asseguradas" (Cornu, 1998, p. 52).

E a fonte, a quem responde? Afinal, ela detém uma posição social, desempenha um papel, sendo investida de uma representatividade para a organização, grupo social, especialidade etc.

Portanto, na posição de representante, a sua responsabilidade está na consequência do que diz ou faz, respondendo primeiramente a quem representa, pela imagem que transmite e reputação que forma, e segundo, ao seu público e à sociedade em geral.

Max Weber (2004) ocupou-se disso na palestra que proferiu em 1919, na Universidade de Munique, indicando que uma ação ética ajusta-se a duas orientações ou responsabilidades, que diferem entre si: a convicção e a consequência.

A primeira se fixa nos princípios e tem caráter deontológico. Regula-se por normas e valores aplicados à prática profissional, independentemente das consequências que possa provocar.

Refere-se à ética do dever, quando se está absolutamente convicto sobre algo. Trata-se do compromisso com a verdade jornalística, objetividade etc. Ao contrário da ética tradicional, não segue a cartilha do certo e do errado, mas a ponderação de um caráter incorporado por alguém.

Ou seja, uma ação bem-intencionada pode produzir consequências desastrosas, mas isto não é responsabilidade do jornalista e sim das evidências que não se confirmaram ou dos equívocos das fontes.

Já a ética da responsabilidade relaciona um fato à causa final, tem caráter teleológico, ensina Weber. Centra-se nas consequências, nos resultados, na avaliação dos riscos. Embora o jornalista seja responsável pelo conteúdo e reflexo fiel dos fatos, ele não se guia pela responsabilidade das consequências.

Tome-se o caso da Escola Base, em que os jornalistas, convictos de uma ocorrência de pedofilia e movidos pelo sensacionalismo, provocaram a depredação e saque da escola, prisão dos donos e degradação de suas vidas e de crianças, em março de 1994.

Ao final, provou-se que a denúncia não tinha fundamento e somente as empresas de mídia - *Folha de S. Paulo*, *IstoÉ*, *O Estado de S. Paulo* e TV Globo

-, após 14 anos, foram condenadas a pagar indenizações às vítimas.

Mas os jornalistas não foram responsabilizados por isso. Então, confirma-se o que disse Weber (2004, p. 122): "a responsabilidade pelas consequências não cabe a mim, mas a quem eu presto os serviços".

Aliás, com o fim da Lei de Imprensa, em 2009, instalou-se no Brasil uma verdadeira indústria de ações judiciais contra veículos de comunicação, jornalistas e fontes, baseadas nos códigos do Direito Civil e Penal, sem limites de tempo e valor para os processos.

Do ponto de vista do jornalismo há de se diferenciar os conceitos de "responsabilidade" e "responsabilização". Em princípio, o jornalista é responsável pelo que divulga, mas raramente responsabilizado pelo que faz de errado.

Isto é, a sua responsabilidade esgota-se ao revelar o que considera verdadeiro, por isso não condiciona a veiculação de uma verdade relevante às possíveis consequências, ainda que saiba quais sejam os efeitos.

Enfim, o jornalista exerce uma função pública, para a qual não foi eleito, servindo simultaneamente aos interesses públicos e à organização privada que vende a notícia e gera lucros.

Há, inclusive, quem defenda a eleição para jornalista. Embora pareça estranho, mas há um mandato constituído por um contrato social tácito, que legitima e delega ao jornalista a tarefa de representar o público perante os diversos poderes, para que estes prestem conta à sociedade.

A legitimidade do jornalismo está associada à credibilidade dos jornalistas e "esta credibilidade, por sua vez, está vinculada às preocupações legítimas do público em relação à qualidade da informação que recebe" (Bernier, 2004, p. 42).

Igualmente os meios de comunicação assumem responsabilidades públicas na distribuição social da informação, mas põem-se a serviço do seu público, pois dele buscam audiência e lastro para o seu espaço publicitário.

Já a fonte segue a ética das consequências e a sua responsabilidade está vinculada ao resultado do que informa ou não. Segue um modo singular de dizer, com base nos seus interesses, não necessariamente na verdade, mas no que acredita.

Fala positivamente de si e, eventualmente, de forma negativa ou neutra de outrem, para validar o que comunica. As organizações estão continuadamente expostas às questões éticas e sociais advindas de suas decisões.

Respondem pela degradação do meio ambiente, produtos nocivos à saúde, propaganda enganosa, atendimento ao público, corrupção, desempenho econômico e financeiro etc. Afinal, não competem apenas pelo mercado, mas também para conquistar uma boa reputação.

Uma nova ética empresarial e cívica foi introduzida no mundo dos negócios e no serviço público no final do século XX, trazendo impactos ao capital intangível das organizações: imagem, reputação, confiança e rentabilidade.

Códigos de ética e deontológicos

Os primeiros códigos de ética e deontológicos dos jornalistas aparecem no começo do século XX, inicialmente na França (1918), Estados Unidos da América (1923), Suécia (1923), Finlândia (1924), Itália (1928), Noruega (1936) e Inglaterra (1938).

Nota-se a proliferação de múltiplos códigos, que utilizam a estratégica da ética: fixar suas próprias normas para dissuadir os poderes públicos de intervir na regulamentação.

Entre os vários códigos destaca-se a Declaração dos Deveres e Direitos dos Jornalistas, conhecida com Declaração de Munique, criada em 1971 por sindicatos e federações da União Europeia e adotada no ano seguinte pela Federação Internacional dos Jornalistas, sediada em Bruxelas.

No âmbito internacional também são influentes os códigos da Associação Mundial de Jornais, da Sociedade Americana de Editores de Jornais e a Declaração de Chapultepec, assinada no México em 1994, pela Sociedade Interamericana de Imprensa, em defesa da liberdade de imprensa.

No Brasil, os códigos deontológicos concorrem com os códigos de ética e de autorregulamentação das entidades patronais e os manuais de redação dos meios de comunicação.

Entre eles, o código de ética dos jornalistas brasileiros, reformulado pela Fenaj em 2008, trata do direito à informação, conduta e responsabilidade do jornalista e relações profissionais.

Nessa reformulação foi instituída a "cláusula de consciência", pela qual nenhum jornalista é obrigado a executar quaisquer tarefas sobre o que não concorda, alertando que isso não deva ser desculpa para que não se ouça opiniões divergentes.

As organizações midiáticas contemporâneas arrogam a si a prerrogativa de criar suas próprias leis, as autorregulamentações, a exemplo do propósito da Associação Nacional de Jornais (ANJ), em evolver o seu código de ética.

O código de ética da radiodifusão, da Associação Brasileira de Emissoras de Rádio e Televisão (Abert) avança na definição da programação, publicidade e noticiário, bem como nas normas de conduta.

Também a Associação Brasileira de Agências de Comunicação (Abracom) instituiu em 2004 o seu código, comprometendo-se a respeitar os códigos de conduta dos jornalistas e da imprensa, obrigando-se a não "disseminar informações falsas, enganosas ou que não possam ser comprovadas por meio de fatos conhecidos e demonstráveis".

Esse código também veta formas de abordagem aos jornalistas que comprometam a atividade de assessoria de imprensa. Ainda define e explicita a postura das agências no relacionamento com a concorrência, clientes, comunidade, funcionários, além da mídia.

As organizações privadas, pressionadas pela economia de mercado, são impelidas ao diálogo com todos os seus públicos, a partir de um relacionamento ético e transparente, incluído os meios de comunicação, para criar processos de formação de imagem e de manutenção de reputação.

A governança corporativa impõe às empresas a adoção de princípios éticos em seus negócios. Inspiradas na lei Sarbanes-Oxley, editada pelo governo americano em 2002, as empresas estão empenhadas a prestar contas, incluindo a obrigação de informar e explicar suas ações, decisões e políticas implementadas.

Também os principais meios de comunicação buscam legitimar o seu discurso, editando seus manuais de ética, redação e estilo, alguns transformados em livros, em que a parte ética e deontológica ocupam pouco espaço.

O jornalista Augusto Nunes, na apresentação do manual de *Zero Hora* (1994, p. 12), diz de que a "adoção de um código de ética, por si só, não imuniza nenhum jornal contra o risco de protagonizar deslizes, escorregões ou mesmo, delitos graves".

Outra figura fiscalizadora, que se intitula defensor do público nos meios de comunicação, é o *ombudsman*. Ele observa e critica as falhas de sua organização e de outros veículos, pondo-se no lugar do público, de quem recebe e analisa as suas queixas.

A par dessas ferramentas, a própria sociedade e os observatórios de mídia vigiam os jornalistas, os meios de comunicação e as fontes, reagindo ao noticiário com uma visão cada vez mais crítica.

Os observatórios de mídia exercem pelo menos duas funções: "fiscalizar os veículos e seus profissionais, e alfabetizar midiaticamente o público", indicando as falhas e também os acertos (Christofoletti e Mota, 2008, p. 12).

Tantas leis, códigos, regras e manuais podem asfixiar os jornalistas e as fontes. Mas o jornal *O Globo* considera que "ética não é mordaça. O que ela pede não é menos notícia, mas melhor notícia".

Conflitos e acordos

O jornalismo vale-se dos conflitos, diversidade de ideias, variedade de opiniões, multiplicidade de interesses e da complexidade das relações humanas. E as "interações do jornalista com a fonte envolvem conflitos e acordos inevitáveis, porque a interlocução é viva, interessada" (Chaparro, 2001, p. 43).

As fontes primam pela precisão técnica, rigor dos dados, narrativa unilateral e evitam notícias sobre discussões em curso, enquanto os jornalistas propendem a tornar público o momento transitório para que a sociedade interfira no debate.

No afã de fazer revelações de impacto, a mídia atropela alguns limites, em nome de um suposto interesse público, que ela mesma estabelece. Sobrepõe direitos, imagem e reputação, sem resguardar a idoneidade das organizações, ainda que a liberdade de imprensa não autorize tudo.

Por conta disso, as fontes assumem uma posição de cautela e tentam reagir. As suas reações podem surpreender o processo tradicional de apuração, como ocorreu em 2009 no *blog* da Petrobras, *Fatos e Dados*, ao postar as perguntas dos repórteres e as respostas, antes da publicação pela imprensa.

Essa estratégia foi inicialmente adotada em 2002, nos EUA, em que o Ministério da Defesa publicava todas as entrevistas importantes do secretário Donald Rumsfeld no blog *DefenseLink*, antes da veiculação.

As fontes defendem a liberdade de expressão e de imprensa, bem como reconhecem o papel cívico dos jornalistas, mas ainda não assimilaram nem sabem conviver com o jornalismo crítico e investigativo.

Queixam-se dos jornalistas quando utilizam recursos de linguagem, notadamente o futuro do pretérito, como condicional - suposto, envolvido - para indicar incerteza, se proteger e expor pessoas. O público assimila essa suposição como fato consumado.

Em geral, as fontes também reclamam que os repórteres deturpam as suas declarações e os fatos, que pinçam frases fora do contexto. Os jornalistas defendem-se alegando subordinação a um regime de pressa, de corrida contra o tempo e espaço, o que faz incorrer em erros e distorções, "raramente premeditados".

Argumentam, a exemplo da *Folha de S. Paulo* (2010, p. 14), de que este é "o preço a pagar para que a sociedade possa usufruir um valioso patrimônio público, a livre circulação de informações e ideias".

Os direitos das fontes

Inspirado no código de relacionamento das fontes com a mídia do Centro

Nacional de Vítimas da Imprensa, dos EUA, o Instituto Gutenberg realizou, em 1995, uma pesquisa com 149 fontes no Brasil.

Foram entrevistados banqueiros, empresários, administradores de empresa, comerciantes e profissionais liberais brasileiros, tendo como propósito a criação no país um código de direitos das fontes de notícias.

A nossa pesquisa atualiza e compara os dados do Instituto Gutenberg, no intervalo de 15 anos, para verificar se persistem as questões levantadas à época, incluindo agora, além das fontes, as opiniões dos jornalistas e assessores de imprensa, sobre os mesmos quesitos.

Direitos arrogados pelas fontes

É direito da fonte...	1995 Gutenberg	2010 Autor
Recusar uma entrevista	94%	89%
Indicar um porta-voz	85%	96%
Indicar a hora e local da entrevista	93%	97%
Escolher o repórter a quem dar a entrevista	78%	30%
Desistir da entrevista marcada	55%	65%
Decidir não ser fotografado ou filmado	90%	77%
Não responder questões que achar impróprias	81%	82%
Manter-se no anonimato (sigilo de fonte)	85%	85%
Não ter informações confidenciais publicadas	85%	61%
Conhecer a pauta com antecedência	90%	83%
Mudar suas declarações após a entrevista	52%	11%
Ler ou revisar a reportagem antes da publicação	86%	18%
Obter retificação de uma informação errada	97%	99%
Processar jornalistas por calúnia e difamação	95%	93%
Expulsar jornalista por invasão de privacidade	92%	75%
Conhecer a identidade de quem acusa	89%	73%
Omitir os fatos	65%	27%

Nota: Percentual (%) de respostas das fontes afirmando "Sim"

Em comparação à pesquisa anterior, a atual mostra uma nítida evolução da consciência das fontes sobre os direitos consagrados nos códigos deontológicos dos jornalistas e, ao mesmo tempo, um recuo nas questões controvertidas, notadamente naquelas que os jornalistas não aceitam as suas condições.

Nota-se que a pesquisa do Instituto Gutenberg apontava certo descontentamento das fontes sobre as abordagens dos jornalistas, sugerindo procedimentos opostos, confrontando com as prerrogativas invocadas pela mídia.

Questões como se recusar a dar entrevista, e, se aceitar, escolher a hora e local, inclusive podendo designar um porta-voz, permanecem em equilíbrio, mesmo que em torno de 27% dos jornalistas não reconheçam esse direito.

No entanto, quando o assunto é rejeitar um determinado repórter e informar que concede entrevista apenas a outro, há uma substancial diferença entre as duas pesquisas, denotando que as fontes já perceberam que não podem interferir na escolha, o que fica claro na opinião de jornalistas e principalmente de assessores de imprensa, que veem nisso uma afronta ao bom relacionamento.

Algumas fontes negam-se a ser fotografadas ou filmadas durante uma entrevista, normalmente sob a alegação de sequestros. Este argumento não convence os jornalistas, mas considerado pelos assessores de imprensa, que tentam preservar a imagem e segurança de quem assessoram.

Para as fontes (85% em ambas as pesquisas) "perguntar ofende", pois consideram alguns questionamentos impróprios e desrespeitosos. Mas, para quase 70% dos jornalistas todas as perguntas são pertinentes e a fonte pode responder como quiser.

Outras questões que os jornalistas não reconhecem como direitos das fontes: ler e revisar as declarações que lhes forem atribuídas, alterar os depoimentos já dados, antes da publicação, e não ter suas informações confidenciais publicadas. A pesquisa atual mostra um recuo das fontes nessas questões, acompanhadas pelas assessorias.

Há um consenso geral, entre os agentes e apontado nas pesquisas, referente ao direito da fonte de obter retificação de informações publicadas de forma errada, embora se discuta o direito de resposta, podendo-se processar os jornalistas e veículos por calúnia, injúria e difamação.

Mesmo que seja um desejo das fontes e seus assessores, média de 83% em ambas as pesquisas, a maioria dos jornalistas não admite informar com antecedência todo o teor da pauta (70%) nem revelar a identidade de quem faz alguma acusação, no caso de fontes anônimas (65%).

Para 88% dos profissionais da mídia, as fontes não podem omitir os fatos, mas elas arrogam o direito de não produzir provas contra si, pois não há lei nem código de ética que obrigue a contar o que não querem. Mas, em nome da transparência, este índice caiu de 65% para 27%.

Enfim, de forma tácita, a maioria das fontes se arroga direitos, alguns não reconhecidos pelos jornalistas, outros renegados pelos assessores de imprensa e talvez ainda não assimilados pelo público.

O direito de resposta

Mesmo quando a fonte se esmera e os erros persistem, ela pode exigir a retificação. Aliás, a revisão de uma informação incorreta configura-se em regra elementar do trabalho jornalístico.

Uma notícia pode ser desmentida ou corrigida pelas fontes, especialistas, testemunhas e colegas jornalistas, principalmente, porque as suas bases de certeza e a pretensão à verdade são frágeis.

Afinal, não há veículo nem jornalista que não erra, os sérios e rigorosos distinguem-se ao reconhecerem os erros. Alguns veículos reservam um espaço para as correções, embora ínfimo, explicitando o equívoco cometido e admitem o direito de resposta.

Com a revogação, em 2009, da Lei de Imprensa, de 1967, as pessoas e organizações envolvidas ou mencionadas injustamente em matérias jornalísticas podem recorrer à Constituição Federal (artigo 5º, inciso V), que diz: "é assegurado o direito de resposta, proporcional ao agravo, além da indenização por dano material, moral ou à imagem".

A retificação está relacionada indiretamente ao direito de resposta. Indireta, porque não se vincula à verdade, mas à defesa de quem se sente atingido, ou seja, "o direito de alguém apresentar a sua própria versão dos fatos" (Cornu, 1999, p. 85).

Dessa forma, o direito e a deontologia colidem. Raramente um jornalista perde um processo judicial, beneficiado pela presunção da convicção, lentidão da Justiça e sua rápida prescrição. Quando a fonte ganha ou perde, torna-se antipática perante a classe jornalística e a sociedade.

A publicação da sentença judicial nunca é redigida nem editada seguindo as técnicas do jornalismo, mas num linguajar jurídico enfadonho para o público, agravado pelo retorno ao tema desagradável à fonte.

Enfim, nada resolve junto à opinião pública nem restaura a credibilidade da fonte, sendo condenada ao ostracismo. Portanto, há dúvidas sobre a eficácia de qualquer direito de resposta.

Sigilo de fonte

A regra básica da informação está na citação explícita da fonte e o jornalista deve, primeiro, convencer o interlocutor a assumir o que diz. Se não for possível, a fonte pode obter a garantia do sigilo, com a confirmação das informações fornecidas.

Muitos veículos não publicam a notícia sem essa confirmação. Outros, consideram a confiabilidade do informante. O sigilo protege explicitamente a fonte, ou seja, o jornalista que recebe a informação confidencial é autorizado a utilizá-la, desde que não revele a sua origem.

Mas a fonte pode exigir que não se publique, servindo então, a informação, como uma sugestão de pauta e ponto de partida para a apuração dos fatos. Várias questões éticas envolvem a relação de jornalistas com as fontes sigilosas.

Primeiro, "é direito do jornalista resguardar o sigilo de fonte", contempla o código de ética dos jornalistas brasileiros, da Fenaj (2008). No Brasil, não há norma jurídica que imponha a quebra do sigilo.

Ampara-se na Constituição Federal (artigo 5º, inciso XIV), que resguarda "o sigilo de fonte, quando necessário ao exercício da profissão". Entende-se que o jornalista, ao omitir a fonte, assume o que foi revelado por ela, respondendo civil e criminalmente.

A jornalista do *The New York Times*, Judith Miller, que ficou presa 85 dias em 2005, por se negar a revelar a fonte - Lewis Libby, chefe do gabinete do vice-presidente Dick Cheney - sobre a informação de que Valerie Plame, mulher do embaixador Joseph Wilson, seria agente da CIA. Esse tipo de vazamento é considerado crime nos EUA.

O diplomata discordava radicalmente sobre a invasão do Iraque, defendida pelo presidente George W. Bush e a Casa Branca usou a jornalista para expor publicamente a mulher do embaixador. "Em defesa da pátria", Judith Miller alardeou a existência de um suposto arsenal de armas de destruição em massa em poder de Saddan Hussein. Antes, em 2001, ela ganhou o prêmio Pulitzer, pela cobertura da al-Qaeda no Afeganistão.

Além do aspecto legal, também se configura em princípio deontológico, questionado quando infringido. Geralmente a fonte sigilosa revela informações de interesse público. Mas, também pode lançar calúnias, difamações, boatos e intrigas para medir reações.

Por isso, para falar em *off (off the record)* é preciso que o informante esteja investido do estatuto de fonte, configurado por uma relação contínua de confiança com o repórter ou fidedignidade. Caso contrário, a dúvida persiste.

A *Folha de S. Paulo* (2010) trabalha com três formas de *off*: "simples", "obtido pelo jornalista e não cruzado com outras fontes"; "checado", informação "cruzada com o outro lado ou com pelo menos duas outras fontes" e "total", "a pedido da fonte, não deve ser publicada de modo algum, mesmo que se mantenha o anonimato".

A maioria dos veículos divulga apenas informações e não opiniões em *off*. Contudo, a ética indica o rompimento do sigilo quando põe em risco vidas humanas ou atividades ilegais, ou ainda, no caso de informação falsa e dolo.

Algumas fontes secretas recebem cognomes, como a figura lendária do "Garganta Profunda" (*Deep Throat*) mantido no anonimato pelos repórteres Bob Woodward e Carl Bernstein, do *Washington Post*, durante o caso Watergate, em 1972 e revelado, 33 anos depois, como sendo o vice-presidente do

FBI na época, Mark Felt.

Este codinome advém do filme pornográfico americano *Deep throat* (*Garganta Profunda*), lançado na mesma época do escândalo que levou à renúncia de Richard Nixon da presidência dos EUA; bem como da expressão jornalística *on deep background*, quando a fonte não é nomeada nem há indicação de sua função.

Invasão de privacidade

O respeito à dignidade humana e a proteção à honra estão igualmente contemplados no direito civil e na deontologia dos jornalistas, prevalecendo as obrigações legais, embora a ética profissional tente preservar os jornalistas dos rigores da lei.

O direito ou a invasão de privacidade é um dos temas dos códigos de deontologia em todo o mundo. Mas antes é preciso delimitar o que é vida íntima, privada e pública.

Na intimidade, o que acontece é velado e comunicável somente por iniciativa dos envolvidos. Ao contrário da esfera pública, que além de ser do conhecimento de todos, pode-se divulgar sem autorização.

Na esfera privada compartilham-se os fatos e eventos com um número restrito de pessoas, logo, não são secretos, embora não se tenha a intenção de tornar público. Essa questão tem um forte impacto na relação das fontes com os jornalistas.

Pois, mesmo que esses três círculos sejam claros na teoria, torna-se complexa a sua delimitação na prática, variando conforme as pessoas e as circunstâncias. Em geral, os entendimentos de vida íntima e pública são consensuais.

Tome-se o caso do tabloide dominical *News of the World*, extinto em 2011 por grampear telefones, invadir caixas postais de celulares e subornar policiais e agentes públicos britânicos.

A violação da intimidade provocou a prisão de editores e o fechamento do tabloide inglês do magnata da mídia Rupert Murdoch e a sanha internacional contra as escutas ilegais para obter "furos" jornalísticos sensacionalistas.

Mas quanto à privacidade, há opiniões, não consenso. Para alguns, quem se expõe em lugar público, perde a privacidade; para outros, mesmo as aparições públicas são privadas, quando não ficar caracterizado um fato notório de interesse ou interferência pública.

Mas, quais são os limites para a investigação jornalística? Na hora de obter as informações, os jornalistas se acham no direito de utilizar alguns procedimentos que geram conflitos. É discutível o uso de disfarce ou se identificar com outra profissão, que não a de jornalista; o uso de microfone ou câmara oculta, gravar sem avisar e entrar em ambientes privados sem autorização.

Os códigos deontológicos dos jornalistas aprovam o uso excepcional desses recursos, no caso de denúncia pública, quando os fins justificam os meios. Afinal, o jornalista, investido de representante da sociedade, credencia-se a estar onde o público não tem acesso.

As fontes queixam-se das perguntas capciosas. Mas, para os jornalistas "não há perguntas embaraçosas, só respostas embaraçosas", disse o jornalista e escritor Carol Rowan, em entrevista a revista *The New Yorker*, em 1963.

Trata-se, segundo Daniel Cornu (1999, p. 273), de um processo elementar da entrevista jornalística, para "que a fonte diga mais do que estaria espontaneamente disposta a revelar".

Isso está relacionado ao exercício da independência dos jornalistas e da confrontação de ideias. "É que sem confronto não há notícia, e a maioria das fontes e entrevistados não entende isso", percebe Heródoto Barbeiro (2008, p. 32).

Se o repórter é alguém que sabe perguntar, a fonte, alguém que responde. E a resposta pode ser evasiva ou afirmativa, dissimulada ou franca, irritada ou tranquila; mesmo o silêncio ou um "nada a declarar", será sempre interpretada como uma resposta.

Mas, algumas entrevistas são armadilhas para as fontes, quando o repórter busca comprovar uma tese já estabelecida na redação, ou seja, a fonte precisa responder exatamente o que está na pauta e a sua fala é usada apenas como aval para um certo ponto de vista.

O que para um pode ser um equívoco, para outros são questões que ainda não dominam nem aprenderam a lidar. Os objetivos das fontes e dos jornalistas, ora comuns e ora antagônicos, enveredam para uma relação ora amistosa e ora acirrada, exasperada.

Em vez de revidar às perguntas impertinentes (percebidas por 85% dos entrevistados de nossa pesquisa), às deturpações das informações e à subjetividade dos repórteres, a maioria das fontes age com cautela através de discursos afinados e cuidados no modo de dizer e agir. Isso, quando percebem que são vigiados pela sociedade pelos olhos do jornalismo.

As fontes medem as suas palavras quando falam com jornalistas. Agem de forma preventiva, pois um comentário desencontrado vem carregado de noticiabilidade e pode descambar para o sensacionalismo. Afinal, o diálogo entre eles configura-se num embate de ideias.

Por isso as fontes se guiam pela responsabilidade das consequências do que dizem, como confirma o empresário Fábio Hering, presidente da Cia. Hering, "é muito importante esclarecer bem o jornalista para que a matéria saia próxima da informação que transmito. Sempre sinto risco na interpretação que o jornalista coloca na matéria".

Embora seja um princípio sagrado do jornalismo, a objetividade jornalística é contestada pelas fontes, que se veem ameaçadas pela acepção dos profissionais dos meios de comunicação, quando deturpam informações (69%), pinçam frases e as publicam fora do contexto (79%).

Os impactos das entrevistas para as fontes

Os jornalistas...	Sim
Fazem perguntas impertinentes	85%
Geralmente, deturpam as informações	69%
Pinçam frases e as publicam fora do contexto	79%
Assumem o papel de promotor, juiz e carrasco	65%

Nota: Respostas das fontes

À beira da promiscuidade

Além dos conflitos e acordos entre jornalistas e fontes de notícias, existem algumas questões éticas e deontológicas que beiram à promiscuidade.

Max Weber, um dos principais pensadores do jornalismo, embora discordasse e reconhecesse a importância da profissão, disse que "o jornalista pertence a uma espécie de pária que a sociedade julga a partir de seus representantes mais indecorosos".

Esse intercurso sucede-se desde quando o jornalista Ivy Lee começou a orientar empresários americanos no relacionamento com a imprensa, no início do século XX, fazendo o "jogo sujo. Sujou o jornalismo com o emprego duplo, a propina, os favores, os almoços, os brindes, as viagens" (Chaparro, 2001, p. 48).

As arrogâncias e chantagens encontram-se em ambos os lados. A começar pela demonstração de poder da profissão, em que alguns jornalistas utilizam o expediente do "carteiraço".

Fazem isso como forma de obter vantagens pessoais, intimidar ou ameaçar as fontes, que se inquietam pela empáfia onisciente, a força de seus questionamentos, a informação a qualquer preço e o poder de tornar pública a versão imprevisível de um fato ou evento.

Do outro lado, as fontes plantam notícias, distribuem releases mentirosos, querem somente divulgação favorável, barram notícias, fazem retaliações com cortes de verbas publicitárias, escondem-se dos fatos como avestruz etc.

Para dissolver essas inconveniências, ocorrem os assédios. Há uma série de práticas que depõe contra a ética no jornalismo, entre elas a aquisição e empréstimo de automóveis diretamente das montadoras.

Segundo Guilherme Pena, supervisor da imprensa da Fiat Automóveis, essa "é uma prática arraigada na maioria das empresas da indústria automobilística e se justifica pela real necessidade dos testes para suportar as reportagens e relatórios de desempenho publicados pela imprensa especializada".

A maioria dos meios de comunicação não consegue arcar os custos de aquisição de veículos para testes e os empréstimos variam de uma semana a seis meses, podendo o jornalista adquirir o carro por um bom desconto.

Às vezes, recebem viagens nem sempre para as fábricas, mas para destinos turísticos onde sabidamente não está a indústria que convida. Nessas viagens as mordomias incluem passagens, estadias, almoços e jantares, passeios, brindes e agrados de todo tipo.

Em geral, os meios de comunicação aceitam o custeio de viagens para acompanhar autoridades e fazer coberturas especiais. Alguns, como a *Folha de S. Paulo* (2010, p. 42) informam "que o jornalista teve suas despesas pagas pelo patrocinador".

Brindes e presentes para jornalistas

É aceitável dar/receber...	Fonte	Jornalista	AI
Brinde promocional da organização	66%	76%	67%
Viagem para cobertura jornalística	75%	66%	68%
Presente no valor de até 100 reais	44%	38%	25%
Presente de 100 a 500 reais	7%	9%	8%
Presente no valor acima de 500 reais	4%	7%	5%
Ingresso para show, cinema, esporte	61%	58%	58%
Almoço, jantar	63%	64%	60%
Viagem turística para o jornalista e família	7%	7%	4%

Legenda: AI (assessor de imprensa)
Nota: Percentual (%) de respostas "Sim"

É uma prática comum nas organizações a distribuição de brindes promocionais para clientes, fornecedores, funcionários etc. Geralmente, esses mesmos objetos são entregues aos profissionais que atuam na mídia, o que não representa cooptação para 76% dos jornalistas, 67% dos assessores e 66% das fontes.

Jorge Duarte e Wilson Fonseca Júnior (2010, p. 355) indicam cuidados: "a oferta de brindes pode ser simpática, mas as circunstâncias devem ser analisadas" e recomendam oferecer "algo da própria empresa, que não possa sugerir tentativa de cooptação".

Se os brindes são aceitos de bom grado, não se pode dizer o mesmo dos presentes, embora ainda sejam tolerados aqueles no valor de até 100 reais pelas fontes (44%), jornalistas (38%) e assessores (25%).

Mas os de maior valor, aí incluídas as viagens turísticas para jornalistas e seus familiares, os índices de aceitação ficam abaixo de 10%, embora na maioria dos casos, os indicadores maiores são os de aceitação dos jornalistas.

Produtos e acessos gratuitos para coberturas ou entrevistas - ingressos, viagens, almoços, jantares – são aprovados pela grande maioria, média ponderada de 64%, considerando todos os atores da pesquisa, sob a justificativa de que se trata de uma prática útil que contribui para a melhor compreensão da informação.

O empresário Paulo Skaf, presidente da Fiesp, considera essa questão bastante delicada. Mas, "desde que respeitados os princípios éticos, havendo mútua liberdade, nada impede que uma empresa ou entidade convide jornalistas para que acompanhem missões" ou coberturas, custeando as suas despesas de passagens e estadias, o que, conforme a pesquisa, é aceitável para 75% das fontes, 66% jornalistas 68% dos assessores de imprensa.

Muitas organizações convidam os jornalistas para conhecerem suas instalações. Carlos Eduardo Camargo, diretor de comunicação da Embraer, confirma que às vezes "é do nosso interesse mostrar algum aspecto que só faz sentido com a presença física do jornalista" e não vê problema em patrocinar a visita, porque "lidamos com uma imprensa independente e idônea o suficiente para não se deixar influenciar por um convite desses".

Os prêmios reconhecem e estimulam a excelência do jornalismo. Mas Rogério Christofoletti (2008, p. 112) questiona: "é certo fazer reportagens sobre determinados assuntos apenas para disputar prêmios de jornalismo?"

Afinal, proliferam os prêmios que excitam "exatamente os jornalistas jovens mais ambiciosos a escreverem sobre os temas de interesse dos grandes grupos econômicos e frequentemente sobre a ótica desses grupos" (Kucinski, 1996, p. 180).

Os prêmios são formas de cooptar os jornalistas quando induzem uma pauta jornalística e indicam um tema e espaço, a partir do interesse de quem promove o prêmio. Enfim, qualquer premiação deve ser a mera consequência da qualidade do trabalho jornalístico.

Os anunciantes e patrocinadores influenciam nos conteúdos editoriais, embora possam obter destaque pelo mérito de valor de notícia que portam. A propaganda submete o jornalismo às suas imposições ardilosas, mesmo que sutis.

No entanto, os veículos sérios não atrelam o conteúdo editorial ao investimento publicitário. Nossa pesquisa revela que o grau de influência dos anunciantes e patrocinadores sobre a atuação dos jornalistas é relativamente significativa.

Mesmo que a maioria tenha respondido que a influência é pouca (40%) ou nenhuma (39%) são representativas as respostas "muita" (17%) e "total" (4%). Nas entrevistas individuais, os jornalistas preferiram delimitar o espaço editorial do publicitário, não admitindo interferência.

Marta Sfredo, repórter de *Zero Hora*, por exemplo, considera que "influenciar, não significa necessariamente determinar ou censurar". Os meios de comunicação dependem dos anunciantes, e "seria hipocrisia negar que influenciam pautas e conteúdos", reconhece.

O jornalista pode participar de anúncio comercial? Embora não seja ilegal, mas diante da deontologia, a propaganda e o exercício do jornalismo são incompatíveis, quando se serve a dois senhores.

Isto compromete a credibilidade de quem informa corretamente o público e busca a verdade dos fatos. Mas, pela nossa pesquisa, 11% dos jornalistas brasileiros participariam de anúncio comercial e 45% ministrariam palestras remuneradas pelas fontes.

Também do ponto de vista ético, considera-se condenável o duplo emprego, trabalhando simultaneamente na imprensa e para organizações, suas fontes de notícias. Embora banido da grande imprensa, a prática ainda persiste.

Aliás, a extinta Lei de Imprensa, de 1967, e a regulamentação da profissão de jornalista (Lei nº 972, de 1969) admitem o acúmulo de emprego, acatado e defendido por 25% dos jornalistas brasileiros, pela nossa pesquisa.

O pagamento a jornalistas ou aos veículos para publicar notícias favoráveis é eticamente inadmissível. Conhecida como "jabaculê" ou "jabá", tem raiz histórica no *jeton*, subsídio financeiro para a cobertura de eventos pelos repórteres, a quem forneciam informações.

Originalmente, "jabaculê" refere-se ao pagamento "por fora" feito pelas gravadoras para executar as músicas de seus artistas no rádio ou na TV.

Era uma forma de cooptação e ocorria "quer pela exclusividade do acesso, quer por favores e privilégios que, de forma mais ou menos explícita, completavam seus salários" (Lage, 2001, p. 50).

O *jeton* vigorou deste o Estado Novo, do presidente Getúlio Vargas, que criou em 1939, o Departamento de Imprensa e Propaganda (DIP) até meados do século XX. No entanto, o "jabá" perdura, principalmente nos pequenos veículos do interior, mas também na grande imprensa, disfarçado de "informe publicitário".

Aliás, as reportagens pagas constituem-se uma prática danosa ao jornalismo. Mesmo travestidas de "publieditorial", "mensagem publicitária, portanto paga, que tem a cara de reportagem, de matéria jornalística" (Bueno, 2005, p. 74).

Essa peça ludibria o público ao agregar a credibilidade do jornalismo a um anúncio publicitário. Nesse caso, as questões éticas envolvem o anunciante e o veículo, que não se imunizam ao publicar, de forma imperceptível, expressões como "publieditorial", "informe publicitário".

Enquanto se recomenda uma nítida separação entre editorial e publicidade, afinal a "transparência e a ética não têm preço. O *publieditorial* caminha para ser o esgoto" do conluio entre a mídia e as fontes, e merece uma purgação, segundo Bueno (2005, p. 76).

O preço da informação

Pagar à fonte por uma entrevista é uma questão ética delicada e incômoda aos meios de comunicação. A maioria evita o assunto, embora haja casos notórios.

Se a notícia é um produto à venda, a informação tem um preço? "Quem fala de graça é papagaio", argumenta o contabilista Antônio Artella Ferreira, envolvido no caso de acesso aos dados fiscais da filha do político brasileiro José Serra.

Também em outubro de 2010, os 33 mineiros chilenos, após serem resgatados da mina San José, onde ficaram isolados por setenta dias, foram assediados pela mídia internacional e tentaram cobrar por algumas entrevistas.

Outro episódio famoso é de Richard Nixon, que ao renunciar a presidência dos EUA, no escândalo de Watergate, em 1977, exigiu 600 mil dólares para conceder uma entrevista ao apresentador britânico David Frost.

A entrevista, dividida em três programas de TV, tornou-se fenômeno de audiência, peça de teatro de Peter Morgan e filme - Frost/Nixon -, inspirando a expressão pejorativa *checkbook journalism*, ou "jornalismo do talão de cheque".

O filme Frost/Nixon recebeu cinco indicações ao Oscar de 2009: melhor filme, diretor (Ron Howatrd), ator (Frank Langella, no papel de Nixon), roteiro (Peter Morgan) e montagem (Daniel Hanley e Mike Hill), mas não ganhou nenhuma estatueta.

Considerações finais

O estudo que realizamos sobre as fontes constata que a literatura no campo do Jornalismo aborda pouco o tema, em geral de forma tímida e mesmo inexpressiva.

Pouquíssimo se discute, tanto na academia quanto em eventos profissionais e científicos, como se essa relação não fosse relevante. Os debates, normalmente, são confinados nos espaços internos do jornalismo.

Mas os jornalistas não criam autonomamente, dependem das fontes, e não admitem isso. Aliás, não gostam de ouvir nem falar sobre o assunto. Preferem defender uma hipotética independência e a produção idealizada da notícia.

As fontes, ao contrário, subvertem essa ordem. Em vez de somente serem pautadas, também pautam, contrapondo-se ao poder da mídia, produzindo conteúdos jornalísticos irrecusáveis.

Nos seus intentos, usam estratégias para ter seus interesses e eventos selecionados e passar pelos portões (*gates*). Para isso, utilizam as técnicas e os procedimentos jornalísticos, como a objetividade. Detém o "conhecimento a cerca de" assuntos carregados de noticiabilidade.

Pois, assim como de uma nascente jorra água potável, das fontes de notícias espera-se transparência e informação fresca. Mas não são isentas. Oferecem conteúdos "embalados" de interesse público. Apropriam-se dos processos, princípios e do saber do jornalismo, que antes eram privativos dos jornalistas nas redações.

Agem proativamente nas suas interferências no espaço público, a mídia. Elevam a comunicação com seus públicos ao patamar estratégico. Seus propósitos estão vinculados à valorização de sua imagem e na consolidação da boa reputação.

Para buscar credibilidade e admirabilidade de seus públicos - a propaganda não basta, por ser unilateral -, as fontes encontram no jornalismo, por ser polifônico, um espaço para legitimar os seus discursos.

No entanto, sob a ótica funcional, um depende do outro e ambos querem algo que o outro possui. A fonte tem a informação, que o jornalista pode transformar em notícia. Portanto, essa relação está imbricada num processo complexo, simultaneamente conflitante e conveniente a ambos.

A partir desse panorama, torna-se possível entrever novos paradigmas. Por exemplo, compor uma classificação das fontes, uma matriz que demonstra a natureza delas, notadamente as suas ações e estratégias para interferir na esfera pública e persuadir os jornalistas a divulgar as suas notícias, mantendo os seus interesses.

Na pesquisa que realizamos, confirmam-se os pressupostos de que as fontes de notícias pautam em vez de serem pautadas, estabelecendo um diálogo com seus públicos e a sociedade para gerir a imagem e reputação suas ou de quem representam.

Por isso, as organizações profissionalizam a sua comunicação, que não mais somente produz e distribui releases, mas utiliza técnicas refinadas de comunicação nas relações com os jornalistas.

Para cumprir com competência os seus propósitos, as fontes buscam capacitação e, preocupadas com as consequências do que dizem, tentam estabelecer condições nesse relacionamento, algumas reconhecidas pelos códigos de ética e deontológicos, mas outras não aceitas plenamente pelos jornalistas, que consideram equívocos.

Essas questões são amenizadas pela aprendizagem nas relações de forças, como mostra a comparação com a pesquisa do Instituto Gutenberg, de 1995, onde se percebe um recuo das fontes nas questões consideradas equivocadas.

Isto tem grande impacto na atuação da assessoria de imprensa, que tenta neutralizar o ímpeto dos repórteres na busca de novidades, produzindo e oferecendo conteúdos genuinamente jornalísticos, levando a mídia reproduzir as falas, os enfoques e os interesses de quem assessoram.

Enfim, no afã de ascender um sobre o outro, ocorre uma série de acordos e agrados entre os dois lados, fontes e jornalistas. Para dirimir as questões delicadas chama-se a ética para tratar das dissociações.

Os jornalistas nivelam o *ethos* jornalístico à produtividade e à competitividade. Seus objetivos estão alinhados às metas das organizações jornalísticas e não respondem somente à sociedade, mas prioritariamente ao público dos seus veículos de comunicação.

Embora consagradas nos códigos de ética e deontológicos, algumas questões persistem indissolúveis: jornalistas a serviço dos veículos e das fontes; os limites à invasão de privacidade; incertezas no sigilo de fonte e no direito de resposta; distribuição de brindes e presentes, e outras relações que beiram à promiscuidade.

Essas ações e estratégias levam a crer no seguinte: mais que fonte, uma organização ou personalidade com estrutura profissional de comunicação, torna-se, por analogia, chafariz de notícias, porque dispõe de mecanismos de gestão e tecnologia para disseminar espetacularmente as suas notícias devidamente tratadas, conseguindo dessa forma, ascendência sobre os jornalistas e sucesso na divulgação de eventos e fatos do seu interesse.

Referências

ALMEIDA, Ana Luisa de Castro. *Identidade, imagem e reputação organizacional: conceitos e dimensões da práxis.* Em: KUNSCH, Margarida M. Krohling. Comunicação organizacional: linguagem, gestão e perspectivas. São Paulo: Saraiva, 2009, v. 2, p. 215-242.

AMARAL, Cláudio. *A história da comunicação empresarial no Brasil.* Portal RP, São Paulo, 2000. Disponível em: <goo.gl/RZDBF>. Acesso em: 30 abr. 2010.

AMARAL, Márcia Franz. *Jornalismo Popular.* São Paulo: Contexto, 2006.

ANJ. *Maiores jornais do Brasil: ano 2009.* Disponível em: <anj.org.br>. Acesso em: 10 fev. 2010.

BARBEIRO, Heródoto. *Mídia training: como usar a imprensa a seu favor.* São Paulo: Saraiva, 2008.

BERNIER, Marc-François. *Éthique et deontologie du journalisme.* Saint-Nicolas, Québec: Les Presses de l'Université Laval, 2004.

BLUMLER, Jay G.; GUREVITCH, Michael. *The crisis of public communication.* London: Routledge, 1995.

BONFIM, Willian Silva. *O papel das fontes na construção da notícia: o agendamento do tema trabalho infantil doméstico no jornalismo impresso brasileiro, no ano de 2003.* Dissertação (Mestrado em Comunicação), Universidade de Brasília, 2005.

BORRAT, Héctor. *Once versiones noratlánticas del 23-F.* Analisi: Quaderns de Comunicació i Cultura, Barcelona, nº 4, p. 91-113, 1981.

BUENO, Wilson da Costa. *Comunicação empresarial: políticas e estratégias.* São Paulo: Saraiva, 2009.

BUENO, Wilson da Costa. *Comunicação empresarial no Brasil: uma leitura crítica.* São Paulo: All Print, 2005.

CHAPARRO, Manuel Carlos. *Cem anos de assessoria de imprensa.* Em: DUARTE, Jorge (Org.). Assessoria de imprensa e relacionamento com a mídia: teoria e técnica. 3. ed. São Paulo: Atlas, 2010, p. 3-21.

CHAPARRO, Manuel Carlos. *Iniciação a uma teoria das fontes: tipificação das fontes.* O xis da questão (blog), 12 set. 2009. Disponível em: <goo.gl/GzdzB>. Acesso em: 12 set. 2009.

CHAPARRO, Manuel Carlos. *Linguagem dos conflitos.* Coimbra: Minerva, 2001.

CHAPARRO, Manuel Carlos. *Pragmática do jornalismo.* São Paulo: Summus, 2007.

CHARAUDEAU, Patrick. *Discurso das mídias.* São Paulo: Contexto, 2009.

CHARRON, Jean; BONVILLE, Jean. *Typologie historique des pratiques journalistiques*. In: Nature et transformation du journalisme: théories et recherches empiriques. Québec: Les Presses de L'Université Laval, 2004, p. 141-217.

CHRISTOFOLETTI, Rogério. *Ética no jornalismo*. São Paulo: Contexto, 2008.

CHRISTOFOLETTI, Rogério; MOTTA, Luiz Gonzaga (Orgs.). *Observatórios de mídia: olhares da cidadania*. São Paulo: Paulus, 2008.

CORNU, Daniel. *Ética da informação*. Trad. Laureano Pelegrin. Bauru: Edusc, 1998.

CORNU, Daniel. *Jornalismo e verdade: para uma ética da informação*. Trad. Armando Pereira da Silva. Lisboa: Instituto Piaget, 1999.

DATABERJE. *Comunicação corporativa nas organizações*. São Paulo: Aberje, 2009. Pesquisa.

DEJAVITE, Fábia Angélica. *O relacionamento do jornalista com a fonte: um jogo de sedução*. Dissertação (Mestrado em Comunicação), Universidade Metodista, São Bernardo do Campo, 1996.

DUARTE, Jorge. *Assessoria de imprensa no Brasil*. In: Assessoria de imprensa e relacionamento com a mídia: teoria e técnica. 3. ed. São Paulo: Atlas, 2010, p. 307-332.

DUARTE, Jorge. *Release: história, técnica, usos e abusos*. In: Assessoria de imprensa e relacionamento com a mídia: teoria e técnica. 3. ed. São Paulo: Atlas, 2010, p. 51-75.

DUARTE, Jorge; FONSECA JÚNIOR, Wilson Corrêa. *Relacionamento fonte/jornalista*. In: DUARTE, Jorge (Org.). Assessoria de imprensa e relacionamento com a mídia: teoria e técnica. 3. ed. São Paulo: Atlas, 2010, p. 345-359.

ERICSON, Richard *et al. Negotiating control: a study of news sources*. Toronto: University of Toronto Press, 1989.

FENAJ. *Código de ética dos jornalistas brasileiros*. Brasília: Federação Nacional dos Jornalistas, 2008.

FISHMAN, Mark. *Manufacturing the news*. Austin: University of Texas Press, 1980.

FOLHA DE S. PAULO. *Manual da redação*. 14. ed. São Paulo: Publifolha, 2010.

GANS, Herbert J. *Deciding what's news: a study of CBS Evening News, NBC Nightly News, Newsweek and Time*. New York: Vintage, 1980.

GARCIA, Luiz Martins (Org.). *Manual de redação e estilo: O Globo*. 23. ed. São Paulo: Globo, 1996.

GIEBER, Walter; JOHNSON, Walter. *The city hall "beat": a study of reporter and source roles*. Journalism Quarterly, v. 38, n. 3, p. 289-297, 1961.

GOMES, Wilson. *Jornalismo, fatos e interesses: ensaios da teoria do jornalismo*. Florianópolis: Insular, 2009.

HALL, Stuart *et al*. *Policing the crisis: mugging, the state and law and order*. Basingstoke: Palgrave Macmillan, 1978.

HESS, Stephen. *The government/press connection: press officers and their offices*. Washington: Brookings Institution Press, 1984.

INSTITUTO GUTENBERG. *Os direitos das fontes*. Boletim, n. 4, 4 jul. 1995.

KARAM, Francisco José. *A ética jornalística e o interesse público*. São Paulo: Summus, 2004.

KUCINSKI, Bernardo. *Jornalismo econômico*. São Paulo: Edusp, 1996.

KUNSCH, Margarida M. Krohling. *Jornalismo e relações públicas: dos limites fronteiriços para uma ação integrada nas organizações*. In: LOPES, Boanerges; VIEIRA, Roberto F. Jornalismo e relações públicas: ação e reação, uma perspectiva conciliatória possível. Rio de Janeiro: Mauad, 2004.

LAGE, Nilson. *A reportagem: teoria e técnica de entrevista e pesquisa jornalística*. Rio de Janeiro: Record, 2001.

LIMA, Gerson Moreira. *Releasemania: uma contribuição para o estudo do press-release* no Brasil. 2. ed. São Paulo: Summus, 1985.

LIPPMANN, Walter. *Opinião Pública*. Petrópolis, RJ: Vozes, 2008.

LOPES, Omar Barreto. *Fatos e números: valores notícias, quantidade e o poder das fontes no jornalismo econômico*. Dissertação (Mestrado em Comunicação), Universidade de São Paulo, 2002.

MAIA, Sandra. *O negócio da comunicação: do conceito à ação*. Rio de Janeiro: Qualitymark, 2010.

MALCOLN, Janet. *O jornalista e o assassino: um questão de ética*. São Paulo: Companhia das Letras, 1990.

MANNING, Paul. *News and news sources: a critical introduction*. London: Sage, 2001.

MARTINS, Eduardo. *Manual de redação e estilo*. 3. ed. São Paulo: O Estado de S. Paulo, 1997.

MCCOMBS, Maxwell. *A teoria da agenda: a mídia e a opinião pública*. Petrópolis, RJ: Vozes, 2009.

MCCOMBS, Maxwell; SHAW, Donald. *The agenda-setting function of mass media*. Public Opinion Quarterly, Oxford, v. 36, n. 2, p. 176-187, 1972.

MCCOMBS, Maxwell; SHAW, Donald. *The evolution on agenda-setting: twenty five years in the marketplace*. Journal of Communication, Washington, v. 43, n. 2, p. 68-84, jun. 1993.

MELO, Paula Reis. *Tensões entre fonte e campo jornalístico: um estudo sobre o agendamento mediático do MST*. Dissertação (Doutorado em Comunicação), Universidade do Vale do Rio dos Sinos, 2008.

MICHAELIS. *Moderno dicionário da língua portuguesa*. São Paulo: Melhoramentos, 2007.

MOLOTCH, Harvey; LESTER, Marilyn. *News as purposive behaviour: on the strategic use of routine events, accidents, and scandals*. American Sociological Review, v. 39, n. 1, p. 101-112, fev. 1974.

NEVEU, Érik. *Sociologie du journalisme*. Paris: La Découverte, 2001.

NOBLAT, Ricardo. *Assim é, se lhe parece*. Comunicação Empresarial, São Paulo, n. 46, p. 12, 1. trim. 2003.

NOGUEIRA, Nemércio. *A prova dos dez: agregando valor a marcas e empresas pela divulgação jornalística*. In: LUCAS, Luciane. Media training: como agregar valor ao negócio melhorando a relação com a imprensa. São Paulo: Summus, 2007, p. 15-38.

NOGUEIRA, Nemércio. *Media training: melhorando as relações da empresa com os jornalistas*. São Paulo: Cultura, 1999.

OLIVEIRA, Janete. *O outro lado do media training*. In: LUCAS, Luciane. Media training: como agregar valor ao negócio melhorando a relação com a imprensa. São Paulo: Summus, 2007, p. 155-190.

PARK, Robert E. *A notícia como forma de conhecimento: um capítulo dentro da sociologia do conhecimento*. In: BERGER, Christa; MAROCCO, Beatriz (Org.). A era glacial do jornalismo: teorias sociais da imprensa. Porto Alegre: Sulina, 2008. v. 2, p. 51-70.

PEUCER, Tobias. *Os relatos jornalísticos*. Trad. Paulo da Rocha Dias. Estudos em Jornalismo e Mídia, Florianópolis, v. 1, n. 2, p. 13-29, 2. sem. 2004.

PINTO, Manuel. *Fontes jornalísticas: contributos para o mapeamento do campo*. Comunicação e Sociedade 2: Cadernos do Noroeste, Braga, v. 14, p. 277-294, 2000.

PULITI, Paula. *A financeirização do noticiário econômico no Brasil (1989-2002)*. Tese (Doutorado em Comunicação), Universidade de São Paulo, 2009.

ROSHCO, Bernard. *Newsmaking*. Chicago: The University of Chicago Press, 1979.

ROSTEN, Leo C. *Politics and people: the ordeal of self-government in America*. New York: Arno Press, 1937.

SANT'ANNA, Francisco. *Mídia das fontes: um novo ator no cenário jornalístico brasileiro*. Brasília: Senado Federal, 2009.

SANTOS, Rogério. *A negociação entre jornalistas e fontes*. Coimbra: Minerva, 1997.

SCHLESINGER, Philip. *Repenser la sociologie du journalisme: les stratégies de la source d'information et les limites du média-centrisme*. Réseaux, Paris, v. 10, n. 51, p. 75-98, 1992.

SCHUDSON, Michael. *Descobrindo a notícia: uma história social dos jornais nos Estados Unidos*. Petrópolis, RJ: Vozes, 2010.

SHOEMAKER, Pamela J.; VOS, Timothy. *Gatekeeping theory*. New York: Routladge, 2009.

SIGAL, Leon V. *Reporters and officials: the organization and politics of newsmaking*. Lexington: D.C. Heath, 1973.

SILVA, Luiz Martins. *Sociedade, esfera pública e agendamento*. In: BENETTI, Márcia; LAGO, Cláudia (Org.). Metodologia de pesquisa em jornalismo. 2. ed. Petrópolis, RJ: Vozes, 2008, p. 84-104.

SPONHOLZ, Liriam. *Jornalismo, conhecimento e objetividade: ensaios de teoria do jornalismo*. Florianópolis: Insular, 2009.

TUCHMAN, Gaye. *Objectivity as strategic ritual: an examination on newsnen's notions of objectivity*. American Journal of Sociology, Chicago, v. 77, n. 4, p. 660-679, 1972.

VEJA. *O fruto da carne*. São Paulo: Abril, 27 abr. 1983, p. 84

VIZEU, Alfredo. *Decidindo o que é notícia: os bastidores do telejornalismo*. 4. ed. Porto Alegre: EdiPUCRS, 2005.

WEBER, Max. *Ciência e política: duas vocações*. 15. ed. São Paulo: Cultrix, 2004.

WHITE, David M. *The gatekeeper: a case study in the selection of news*. Journalism Quarterly, v. 27, n. 3, p. 383-390, 1950.

ZERO HORA. *Manual de ética, redação e estilo*. Porto Alegre: L&PM, 1994.

AUTOR

Aldo Schmitz é jornalista, com doutorado e mestrado em jornalismo (UFSC). Tem pós-graduação em gestão da comunicação e educação a distância. É autor dos livros *Mídia training, Jornalista a serviço das fontes, Manual de jornalismo, Manual de comunicação organizacional (org.) e Agência de comunicação.*

- aldoschmitz@gmail.com – (48) 99164-2497
- LinkedIn: http://linkedin.com/in/aldoschmitz
- Currículo Lattes: http://lattes.cnpq.br/3279938336818732

9 786599 268243